DER GOLDEN RETRIEVER

Der Golden Retriever

Charakter – Erziehung – Gesundheit

von Heike E. Wagner

CADMOS
HUNDEBÜCHER

CADMOS VERLAG GMBH, Lüneburg

Umschlagfoto: Dr. Gabriele Lehari
Lektorat: Dr. Gabriele Lehari
Gestaltung: Ravenstein und Partner, Verden
Druck: Westermann Druck, Zwickau

Printed in Germany

ISBN 3-86127-729-8

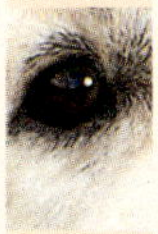

Einleitung

Die Anschaffung eines Golden Retrievers stellt für den frisch gebackenen Hundebesitzer eine große Bereicherung dar. Durch sein sanftes, ruhiges und anpassungsfähiges Wesen ist das Zusammensein mit diesem liebenswerten, fröhlichen und dennoch robusten Hund äußerst harmonisch und nicht selten werden das gesamte Familienleben und das Umfeld durch den neuen Hausgenossen positiv beeinflusst.

Golden-Welpen erobern die Herzen der Menschen im Sturm. Foto: Widmann

Der Golden Retriever verträgt sich nicht nur mit allen Menschen, sondern auch mit sämtlichen im Haushalt lebenden Haustieren. Gern und freudig macht er alle Aktivitäten seiner Menschen mit und liebt seine Familie über alles – wie überhaupt alle Menschen! Als Welpe erntet der Golden Retriever entzückte, als ausgewachsener Hund faszinierte und als älterer oder alter Hund gerührte Blicke eines jeden Tierfreundes. Er amüsiert uns nicht nur in heiteren Stunden, sondern er schenkt uns Trost in schlechten Zeiten, er ist nicht nachtragend und leicht zu begeistern. Die gemeinsam erlebten Stunden sind für seine Menschen mit die schönsten des Tages. Selbst Besitzer anderer Hunde(-rassen) geben häufig ehrlich zu, dass der Golden Retriever zu einem der schönsten und durch sein Wesen liebenswertesten Hunde zählt und dass sein Charakter beneidenswert ist.

Golden Retriever stürzen sich begeistert in jedes Gewässer. Foto: Widmann

Trotzdem sei an dieser Stelle auf einige „kleine Gefahren“ aufmerksam gemacht. Der Golden Retriever ist und bleibt von Haus aus ein Jagdhund und je nach Linie oder Veranlagung kann es auch bei diesem schönen, sanften Hund vorkommen, dass er auf einem Spaziergang mal seiner Neigung nachgeht, das heißt einem Wildtier hinterherjagt. Auch aus diesem Grund sollte man beim Golden Retriever auf eine gute und gründliche Ausbildung Wert legen.

Will man mit einem Golden Retriever zusammenleben, muss man jedes Wetter mögen, damit rechnen, dass sich der Hund zu jeder Jahreszeit mit Begeisterung in einen Bach oder einen Tümpel stürzt, in Kauf nehmen, dass der Garten mittelfristig eher einem Abenteuerspielplatz ähnelt und dass nicht nur unser Herz, sondern auch unser Lieblingssessel im Sturm erobert wird. Der „Golden“, wie diese Hunderasse auch einfach liebevoll von seinen Menschen genannt wird, kann süchtig machen und so manch eine Familie schafft sich entweder zu Lebzeiten des ersten Golden bereits einen zweiten an oder hält es nach dem traurigen Abschied des ersten nicht lange ohne einen neuen Golden Retriever aus.

Sein sanftes schwarzes Auge erreicht unser Innerstes und das Streicheln seines wunderbar weichen Fells strahlt Ruhe in uns aus. Mit „Gold" verbindet man Wärme und Sonne und diese Verbindung stellt ein jeder beim Anblick eines Golden Retrievers her.

Herkunft und Abstammung

Auf der Suche nach dem Ursprung des Golden Retrievers trifft man auf zahlreiche Theorien. Nachgewiesen ist, dass der Golden Retriever seine Urväter vor etwa 500 Jahren in Neufundland hatte. Zu dieser Zeit fuhren Fischer aus dem südenglischen Devon nach Avalon, einer Halbinsel Neufundlands, und führten Hunde mit, die für sie nützliche Dienste leisteten. Diese Hunde waren ausgezeichnete Schwimmer und mussten unter anderem Fische aus dem eiskalten Wasser apportieren können.

Die Fischer siedelten sich zu Beginn des 16. Jahrhunderts rund um St. John's auf Avalon an und benötigten dort Hunde, die auch an Land nützliche Helfer bei der Federwildjagd waren. Zu diesem Zeitpunkt setzten sie bereits ihre eigenen Hunde zur Zucht ein, da es wohl vor Ort auf Neufundland keine geeigneten Tiere gab. So entstand der St.-John's-Hund – der Vorfahr sowohl des heutigen Golden Retrievers als auch des Flat Coated Retrievers. Die Hunde dieser Zeit hatten ein Wasser abweisendes Fell, konnten exzellent schwimmen und waren von mittlerer Größe, sodass man sie bequem in den Booten mitführen konnte. Erst viel später gelangten die St.-John's-Hunde nach England und Schottland.

So ist die ursprüngliche Heimat des Golden Retrievers wie die der meisten Jagdhunderassen auf den Britischen Inseln zu suchen, genauer gesagt im Norden Schottlands. 1913 wurde diese Rasse erstmals vom English Kennel Club (gegründet 1883) offiziell anerkannt, aber erst 1920 bekam der Golden Retriever seinen endgültigen Namen.

Nachgewiesen ist, dass Sir Dudley Coutts Marjoribanks (1820–1894), später berühmt als Lord Tweedmouth von England und Schottland, den Grundstein dieser Rasse mit seinem Hund „Nous“ legte. 1865 paarte Lord Tweedmouth den gelben Rüden „Nous“, der nach der Legende einer Gruppe russischer Zirkushunde angehörte, mit „Belle", einer Tweed-Water-Spaniel-Hündin auf seinem Landsitz Guisachan House in Invernesshire in Schottland.

Aus dieser Verpaarung gingen vier Welpen (ein Rüde und drei Hündinnen) hervor. Im Laufe der nächsten Jahre kreuzte er weitere Tweed Water Spaniels, vorwiegend schwarze (gelegentlich auch gelbe) Wavy Coated Retriever (Vorfahr des Flat Coated Retrievers), Irish Setter und auch Bloodhounds mit den Nachkommen von „Nous" und „Belle". Aus dem ersten Wurf von „Nous" und „Belle" schenkte er den Rüden „Crocus" seinem Sohn, der unter dem Namen Zweiter Lord Tweedmouth bekannt wurde. Die Hündin „Ada" fand ihr neues Zuhause bei Verwandten, die beiden anderen Hündinnen „Cowslip" und „Primrose" blieben auf Guisachan. Alle bis zu diesem Zeitpunkt verpaarten Hunde waren gute Schwimmer und äußerst apportierfreudig. Durch gezielte Zucht entstand später eine der heute beliebtesten Retrieverrassen mit all den spezifischen Eigenschaften für die Jagd nach dem Schuss, sei es auf Feder- oder auch auf Haarwild.

Der Golden Retriever wurde für die Arbeit nach dem Schuss gezüchtet. Foto: Widmann

Woher der Name kommt

Den englischen Begriff „golden" könnte man mit „goldfarben" übersetzen. Mit „Gold" assoziiert jeder sofort das Gefühl der Wärme, der Ästhetik, des Glanzes, des Weichen und dennoch Robusten sowie des Edlen und Wertvollen. „To retrieve" übersetzt man aus dem Englischen mit (zurück-)bringen und apportieren.

Beide Begriffe zusammen haben den Namen Golden Retriever geprägt und geben somit sofort Aufschluss über sein Aussehen und seine Verwendung.

Rassestandard

Der Rassestandard eines jeden Rassehundes wird von der FCI (Féderation Cynologique Internationale) in Brüssel festgelegt. Jede Hunderasse wird aufgrund ihrer Verwendung von der FCI einer Gruppe zugeteilt. Daher zählt der Golden Retriever zur Gruppe 8 der Apportier-, Stöber- und Wasserhunde. Im Folgenden werden die wichtigsten Punkte des Standards aufgeführt.

FCI-Nr. 111/8.1

Ursprungsland: Großbritannien

Allgemeines Erscheinungsbild: Symmetrisch, harmonisch, lebhaft, kraftvoll, ausgeglichene Bewegung; kernig, bei freundlichem Ausdruck.

Charakteristika: Wille zum Gehorsam, intelligent mit natürlicher Anlage zu arbeiten.

Wesen: Stets freundlich, sowohl Menschen als auch Tieren gegenüber, liebenswürdig und zutraulich.

Kopf und Schädel: Ausgeglichen und wohlgeformt, breiter Oberkopf, ohne grob zu sein, gut auf dem Hals sitzend, kräftiger, breiter und tiefer Fang. Fang von annähernd gleicher Länge wie der Schädel, ausgeprägter Stopp. Nase schwarz.

Augen: Dunkelbraun, weit voneinander eingesetzt, dunkle Lidränder.

Behang: Mittelgroß, ungefähr in Höhe der Augen angesetzt.

Gebiss: Kräftiger Kiefer mit einem perfekten, regelmäßigen und vollständigen Scherengebiss, wobei die obere Schneidezahnreihe ohne Zwischenraum über die untere greift und die Zähne senkrecht im Kiefer stehen.

Hals: Von guter Länge, trocken und muskulös, keine Wamme.

Vorhand: Vorderläufe gerade mit kräftigen Knochen, Schultern gut zurückliegend, langes Schulterblatt bei gleicher Oberarmlänge, dadurch gut unter den Rumpf gestellt. Ellenbogen gut anliegend. Von vorne gesehen sollen die Vorderläufe und Ellenbogen gerade stehen, weder nach innen noch nach außen gedreht. Die Vorderläufe sollen kräftige Knochen aufweisen, die das Gewicht des Hundes mit Leichtigkeit tragen. Der Rücken sollte eine gerade Linie vom Widerrist zum Rutenansatz bilden und weder abfallen noch hochgezogen werden.

Gebäude: Ausgeglichen, kurz in der Lendenpartie, mächtiger Brustkorb. Rippen tief und gut gewölbt. Gerade obere Linie.

Hinterhand: Lende und Läufe kräftig und muskulös. Unterschenkel von guter Länge, gut gewinkelte Kniegelenke. Tiefe Sprunggelenke, die von hinten

Ein standardgerechter Golden-Retriever-Rüde.
Foto: Wagner

betrachtet gerade sind, nicht ein- oder ausdrehend. Kuhhessigkeit ist im höchsten Maße unerwünscht. Die kräftige Muskulatur der Lendenpartie geht in eine ebenso kräftige Hinterhand über. Der Oberschenkel ist sowohl breit wie auch muskulös, der Unterschenkel lang, der Knochen zwischen Sprunggelenk und Pfote kurz.

Pfoten: Rund und geschlossen, nicht zu groß. Die Zehen nicht zu lang und gut gekrümmt, die Ballen ausgebildet und kräftig. Katzenpfoten.

Rute: In Höhe der Rückenlinie angesetzt und getragen, bis zu den Sprunggelenken reichend, ohne Biegung am Rutenende. Der Rutenansatz verläuft in einer Linie mit dem Rücken. Die Rute wird gerade getragen, entweder in der Höhe des Rückens oder ein wenig darüber, aber weder hoch über dem Rücken getragen noch herunterhängend zwischen den Hinterläufen. Sie sollte auf der Unterseite eine gute Befederung aufweisen.

Gangart/Bewegung: Kraftvoll mit gutem Schub. Gerade und parallel in Vor- und Hinterhand. Vortritt ausgreifend und frei, dabei in der Vorhand ohne ein Zeichen des Steppens. In der Bewegung sollte der Golden Retriever ein flüssiges, raumgreifendes Gangwerk zeigen mit viel Schub aus der Hinterhand. Die Vorderläufe werden dabei nicht zu hoch gehoben, die Pfoten und der Vordermittelfuß drehen sich weder ein- noch auswärts. Die Beine bewegen sich parallel.

Haarkleid: Glatt oder wellig mit guter Befederung, dichte Wasser abstoßende Unterwolle.

Farbe: Jede Schattierung von Gold oder Cremefarben, weder Rot noch Mahagoni. Einige weiße Haare, allerdings nur an der Brust, sind zulässig.

Größe: Schulterhöhe: Rüden 56–61 Zentimeter, Hündinnen 51–56 Zentimeter.

Fehler: Jede Abweichung von den vorgenannten Punkten sollte als Fehler angesehen werden, dessen Bewertung in genauem Verhältnis zum Grad der Abweichung stehen sollte.

Anmerkung: Rüden sollten zwei offensichtlich normal entwickelte Hoden aufweisen, die sich vollständig im Skrotum befinden.

Die Verwandten des Golden Retrievers

Der Golden Retriever hat noch fünf Verwandte, die wir hier kurz beschreiben:

Der Labrador Retriever

Herkunft: Großbritannien

Erscheinung/Charakteristika: Der Labrador Retriever (unter den Liebhabern „Labi" genannt) hat ein freundliches Wesen ohne Anzeichen von Aggressivität oder Scheu. Er ist aufgeweckt, sehr anpassungsfähig und stets bemüht seinem Menschen zu gefallen. Aufgrund seiner Wasserfreude, Ausdauer und seiner guten Nase hat er alle notwendigen Eigenschaften eines guten Apportierhundes und ist zudem ein perfekter Familienhund. Der Labrador ist kräftig, kompakt und mittelgroß mit einem breiten Oberkopf mit ausgeprägtem Stopp. Die Brust und der Rippenkorb sind tief und gut gewölbt (fassförmig), seine Rute ist dick im Ansatz und zur Spitze hin verjüngt. Sie ist mittellang und ohne Befiederung und wird wegen ihres Aussehen Otterrute genannt. Typisch für den Labi ist das ständige Rutenspiel.

Größe: Rüden 56–57 Zentimeter, Hündinnen 54–56 Zentimeter.

Haarkleid: dicht und so glatt wie möglich.

Farbe: jeweils einfarbig schwarz, gelb oder schokoladenfarben (ein kleiner weißer Brustfleck ist erlaubt).

Der Labrador Retriever ist etwas kompakter als der Golden. Foto: Lehari

Der Flat Coated Retriever ist temperamentvoller als der Golden. Foto: Lehari

Der Curly Coated Retriever hat das unverkennbare krause Fell. Foto: Lehari

Der Flat Coated Retriever

Herkunft: Großbritannien

Erscheinung/Charakteristika: Der Flat Coated Retriever (kurz „Flat" genannt) ist ein selbstsicherer, sensibler und sehr temperamentvoller Hund. Bei einem mittelgroßen, kräftigen Körperbau wirkt er dennoch äußerst elegant. Verglichen mit den anderen Retrievern hat er einen recht schmalen, langen Kopf. Er ist ein nimmermüder Apportierer und passt sich gut seiner Familie an.

Größe: Rüden 58–61 Zentimeter, Hündinnen 56–59 Zentimeter.

Haarkleid: lang, glatt, glänzend, wobei die Läufe und die Rute befiedert sein sollten.

Farbe: schwarz und braun.

Der Curly Coated Retriever

Herkunft: Großbritannien

Erscheinung/Charakteristika: Der Curly Coated Retriever (kurz als „Curly" bezeichnet) ist ein stolzer, kräftiger und stets aufmerksamer Hund. Charakteristisch ist das Haarkleid mit den eng anliegenden Locken (Name!). Der Curly ist äußerst ausdauernd und intelligent. Durch seine Anlagen ist er ein zuverlässiger Apportierhund und eignet sich wegen seines freundlichen Wesens ebenso als Familienhund.

Größe: gewünschte Schulterhöhe: Rüden 68,5 Zentimeter, Hündinnen 63,5 Zentimeter.

Haarkleid: am ganzen Körper dichte, krause, Wasser abweisende Locken.

Farbe: schwarz oder leberbraun.

Der Nova Scotia Duck Tolling Retriever ist die kleinste Retrieverrasse. Foto: Lehari

Chesapeake Bay Retriever gibt es in den verschiedensten Schattierungen von Braun. Foto: Lehari

Der Nova Scotia Duck Tolling Retriever

Herkunft: Kanada

Erscheinung/Charakteristika: Der Nova Scotia Duck Tolling Retriever (Retrieverleute nennen ihn „Toller") ist ein äußerst flinker und intelligenter Hund mit großer Ausdauer und als guter Schwimmer ein perfekter Apportierer insbesondere bei der Wasserarbeit. Durch seinen extremen Spieltrieb ist er befähigt, durch sein „Tollen" Enten anzulocken.

Größe: Rüden 48–51 Zentimeter, Hündinnen 45–48 Zentimeter.

Haarkleid: Wasser abweisend, mittellang mit leichten Wellen auf dem Rücken, Vorderläufe leicht befedert.

Farbe: verschiedene Schattierungen von Rot oder Orange, an der Rutenunterseite etwas heller. Weiß an der Rutenspitze, an den Pfoten sowie an der Brust sind erlaubt. Teils weiße Blesse im Gesicht.

Der Chesapeake Bay Retriever

Herkunft: USA

Erscheinung/Charakteristika: Der Chesapeake Bay Retriever (liebevoll auch „Chessy" genannt) ist ein ausdauernder, teils stoischer Jagdhund, der gerne selbstständig arbeitet. Er eignet sich weiterhin als Wach- und Schutzhund und darf als einziger Retriever auch schutzbedingte Mannschärfe zeigen. Er liebt seinen Menschen über alles.

Größe: Rüden 58–66 Zentimeter, Hündinnen 53–61 Zentimeter.

Haarkleid: dichtes, kurzes, Wasser abweisendes Haar mit dichter Unterwolle; Hals, Rücken und Lenden leicht gewellt.

Farbe: Das Spektrum reicht von leicht rötlichen bis hin zu dunkelbraunen Farbschattierungen. Auch Töne wie Herbstlaub oder auch Binse sind erlaubt.

Entscheidungshilfen für die Anschaffung

Es kann nicht oft genug erwähnt werden, dass die Entscheidung, sich einen Hund und auch speziell einen Golden Retriever anzuschaffen, sehr wohl überlegt sein will. Ein Hund ist ein treuer Freund und Begleiter für hoffentlich sehr viele gemeinsame Jahre und es wäre unverzeihlich, nach einem unüberlegten Kauf seinen Vierbeiner wieder abgeben zu müssen.

Daher sollte man sich zunächst ehrlich prüfen, ob man für das Zusammenleben mit einem Hund geeignet ist. Können alle nachfolgenden Fragen mit Ja beantwortet werden, steht der Anschaffung eines Golden Retrievers nichts mehr im Wege.

- Können Sie sich finanziell nicht nur die Anschaffung eines Golden leisten (diese Kosten stellen übrigens nur die Spitze des Eisbergs dar), sondern ein Hundeleben lang für Futter, Tierarzt, Haftpflichtversicherung, Steuer, Zubehör, eventuelle Ausbildungs-, Ausstellungs- sowie Prüfungsgebühren und Ähnliches aufkommen?
- Sind alle Familienmitglieder mit der Anschaffung eines Golden einverstanden?
- Leidet niemand in der Familie an einer Haustierallergie?
- Passt die Rasse Golden Retriever zu Ihnen?
- Ist genügend Platz und ein Garten oder in nächster Umgebung freie Natur vorhanden?
- Können Sie die nötige Zeit für Spaziergänge, Pflege, Training und Beschäftigung aufbringen?
- Ist gewährleistet, dass in den ersten vier bis sechs Wochen, nachdem der Welpe eingezogen ist, immer eine Person anwesend ist?
- Wird der Hund auch später in der Regel nicht länger als vier bis fünf Stunden allein sein?
- Sind Sie körperlich fit genug für die Anschaffung eines Golden-Welpen?

Rüde und Hündin sind am äußeren Erscheinungsbild leicht zu unterscheiden. Foto: Wagner

- Sind Sie sich darüber im Klaren, dass sich die Gestaltung der Freizeit, die Garderobe und vielleicht sogar der Bekanntenkreis ändern wird?
- Können Sie Ihren Golden mit in den Urlaub nehmen (was natürlich optimal ist) oder ist die Frage geklärt, wer sich gewissenhaft in Ihrer Abwesenheit oder bei Krankheit um den Hund kümmert?
- Sind eventuell vorhandene Kinder einsichtig genug, dass sie nun die Liebe und die Zeit der ganzen Familie mit einem Hund teilen müssen?
- Ist der Vermieter mit der Anschaffung eines Hundes einverstanden?

Rüde oder Hündin?

In der Regel ist ein Golden-Rüde größer, kräftiger und imposanter als die eher zierlichere, kleinere und somit leichtere Golden-Hündin. Es ist ein Ammenmärchen, dass eine Hündin anhänglicher sei als ein Rüde, da die Anhänglichkeit einerseits vom Wesen des einzelnen Hundes und nicht von seinem Geschlecht und andererseits von der Bindung zwischen Mensch und Hund abhängt. Dem Rüden muss man (mit wenigen Ausnahmen) teilweise eine konsequentere Erziehung zukommen lassen als einer leichter führigen Hündin, da der Rüde, insbesondere wenn läufige Hündinnen in der

Nähe sind, triebiger oder dominanter sein kann und somit seinem Menschen nicht mehr so willig folgt, was durchaus der Natur eines Rüden entspricht. In dieser Zeit neigen Rüden verstärkt zum Vorhautkatarrh. Dies ist eine Entzündung der Penisspitze, bei der zähflüssiger, gelblich grünlicher Ausfluss auftritt. Durch desinfizierende Spülungen oder durch Einbringen antibiotischer Salben, die der Tierarzt nach gründlicher Untersuchung verschreibt, lässt sich der Vorhautkatarrh erfolgreich behandeln.

Ein Rüde kann ganzjährig sexuell interessiert sein, während Golden-Hündinnen etwa alle sieben bis neun Monate für eine Zeitdauer von rund 21 Tagen läufig werden. Insbesondere in dieser Zeit – aber auch kurz vor und nach der Läufigkeit – kann auch die Hündin leichte Wesensveränderungen zeigen, was dann dem Besitzer etwas mehr Fingerspitzengefühl abverlangt. Während der Läufigkeit kann man der Hündin ein spezielles Schutzhöschen (das nicht der Empfängnisverhütung dient!) anziehen, um Verschmutzungen in der Wohnung vorzubeugen. Manch eine Hündin hält sich jedoch von sich aus so sauber, dass dies gar nicht nötig ist.

Etwa vier bis acht Wochen nach der Läufigkeit neigen manche Hündinnen zur Scheinträchtigkeit. Je nach Intensität kann dann sogar Milch in die Milchleisten einschießen und die Hündin Verhaltensweisen einer Mutterhündin zeigen, die vom Besitzer auf keinen Fall unterstützt werden dürfen. In dieser Zeit sollte man der Hündin nicht den Bauch kraulen, eventuell Spielzeug wegräumen, das Gesäuge kühlen und die Hündin viel ablenken. Durch beim Tierarzt erhältliche Präparate bekommt man dieses Phänomen in der Regel gut in den Griff. Ist dies nicht der Fall und tritt Scheinträchtigkeit nach jeder Läufigkeit auf, sollte man sich mit dem Tierarzt über eine eventuelle Kastration unterhalten, um Gesäuge- oder Gebärmuttertumoren vorzubeugen.

Obwohl die Entscheidung zu einem bestimmten Geschlecht oft reine Geschmackssache ist, sollte man sich dennoch einmal im Vorfeld in der Nachbarschaft umschauen, wie die Geschlechterverteilung bei den anderen Hunden ist. Leben vorwiegend Rüden in der Nachbarschaft, kann es passieren, dass eine Hündin die Nachbarhunde während der Läufigkeit stark anzieht, ein Rüde dagegen eventuell mehr in territoriale „Machtkämpfe“ verwickelt wird.

Arbeits-, Schönheits- oder Dual-Purpose-Linie?

Bei den Golden Retrievern unterscheidet man verschiedene Zuchtlinien: die Arbeitslinie (die so genannten „Field Trials"), die Schönheitslinie und die allgemein weniger bekannte Dual-Purpose-Linie.

Golden aus der Arbeitslinie wurden seit jeher und werden heutzutage noch, wie das Wort besagt, speziell für die Arbeit, nämlich die Jagd, gezüchtet. Sie sind in der Regel nicht so kräftig wie die Golden aus der Schönheitslinie, wesentlich temperamentvoller und arbeitsfreudiger, meist eher von dunkelgoldener Farbe und steiler gewinkelt. Es wird behauptet, dass sie nicht so stark

Golden Retriever aus der Arbeitslinie sind meist von dunkelgoldener Farbe. Foto: Widmann

gewinkelt sind, da sie schneller sein müssen, weil eine stärkere Winkelung dazu führt, dass der Hund langsamer und weniger wendig ist. Insbesondere eine steilere, also weniger starke Vorhandwinkelung ermöglicht es dem Golden, ein Apportel schneller und leichter aufzunehmen.

Ein Golden aus einer Arbeitslinie wird daher aufgrund seiner äußeren Erscheinung bei einem Formwert seltener die Note vorzüglich („v") erhalten und auf einer Ausstellung – außer in den Gebrauchshundeklassen – nie ganz oben auf dem Treppchen stehen. Ferner ist der Trainings- und Arbeitsaufwand mit ihm weit höher als bei einem Golden aus der Schönheitslinie. Bei den Golden aus der Arbeitslinie verfügen beide Elterntiere (und meist auch die Vorfahren über Generationen hinweg) über Arbeitsprüfungen. Auf den Ahnentafeln und Welpenlisten findet man bei den Elterntieren stets Abkürzungen, die Aufschluss über die jeweiligen Prüfungen oder Titel geben.

Golden aus der Schönheitslinie werden seit Jahren – wie das Wort Schönheit besagt – auf ein besonders schönes Erscheinungsbild hin gezüchtet, was nicht bedeutet, dass sie nicht gerne arbeiten. Jedoch eignen sich Golden aus solchen Linien sicherlich besser als Ausstellungshunde oder reine Familien- und Begleithunde. Schönheits-Golden findet man eher in allen – allerdings mittlerweile kaum noch ganz dunklen – Farbschattierungen. Sie sind kräftiger und lebhaft mit gutem, aber in der Regel nicht überschäumendem Temperament. Mit ei-

Golden Retriever aus der Schönheitslinie sind mittlerweile häufig sehr hell gefärbt. Foto: Lehari

nem Golden aus der Schönheitslinie wird man bei den Arbeitsprüfungen (Field Trials) daher selten auf den vorderen Plätzen landen. Bei den Golden aus reinen Schönheitslinien haben die Elterntiere (sowie deren Vorfahren) häufig keine Arbeitsprüfungen vorzuweisen. Auf den Ahnentafeln und Welpenlisten findet man eher Titel in Form von Schönheitsauszeichnungen.

Weniger bekannt als die beiden zuvor beschriebenen Linien ist die Dual-Purpose-Linie, was mit „Mehrzwecklinie" zu übersetzen wäre. Diese Linie ist so manch eines Züchters Traum. Wer hat nicht gerne – sofern man sehr engagiert ist – einen äußerst schönen wie auch einen perfekt arbeitenden Hund? Einige Züchter verpaaren erfolgreich Hunde aus Arbeits- mit solchen aus Schönheitslinien und das Ergebnis ist ein Traum! Jedoch gibt es immer wieder Überlappungen zwischen den oben genannten Linien: So wie es Ausnahmen bei den Golden aus der Arbeitslinie gibt, so gibt es auch Ausnahmen bei den Golden aus der Schönheitslinie.

Bei der Dual-Purpose-Linie wurden über Generationen hinweg Elterntiere mit Arbeitsprüfungen und Schönheitstiteln (Champion mit Arbeitstitel) miteinander verpaart und daher findet man auf den Ahnentafeln und Welpenlisten immer wieder beides: Arbeitsprüfungen und Schönheitstitel. Diese Linie zu züchten ist allerdings ein äußerst schwieriges Unterfangen, da sich sowohl die Schönheits- als auch die Arbeitslinie über Generationen sehr spezialisiert hat.

Nur vom guten Züchter

Der europäische Dachverband für alle Hunderassen ist die Féderation Cynologique Internationale (FCI) in Brüssel. Dieser Vereinigung ist der Verein für das Deutsche Hundewesen e. V. (VDH) angeschlossen, der wiederum Dachverband für die verschiedenen Rasseklubs in Deutschland ist, so auch für den Deutschen Retriever Club e. V. (DRC) und den Golden Retriever Club e. V. (GRC). Die Anschriften finden Sie im Anhang.

Der GRC ist vornehmlich im norddeutschen Raum vertreten, der DRC in ganz Deutschland. Sowohl der DRC als auch der GRC veröffentlichen Listen von allen in Deutschland ansässigen Golden-Retriever-Züchtern, die entweder einen Wurf planen, erwarten oder aber bereits Welpen haben. Diese Listen werden wöchentlich aktualisiert und sind nach Postleitzahlen sortiert, sodass es dem Interessenten nicht schwer fällt, mit etwas Geduld einen guten Züchter in der Nähe ausfindig zu machen.

Es ist sehr ratsam, sich einen Züchter zu suchen, der einen gut informiert, berät und alle offenen Fragen aufschlussreich beantwortet. Schauen Sie ruhig mehrere Zuchtstätten an, um Vergleiche ziehen zu können. Wichtig ist nicht nur der gute Draht zum Züchter, sondern vielmehr sollte einem auch die Mutterhündin optisch und insbesondere vom Wesen her gefallen, denn sie gibt schließlich 50 Prozent ihrer Eigenschaften an die Welpen weiter. Ist einem der Züchter zwar sympathisch, gefällt einem jedoch die Mutterhündin nicht hundertprozentig, sollte man besser die Finger von einem geplanten oder bereits gefallenen Wurf lassen. Nur dass es gerade zeitlich oder geografisch gut passen würde, ist kein Argument bei der Auswahl des richtigen Welpen.

Haben Sie Geduld bei der Suche nach dem richtigen Golden und seien Sie auch bereit, Zeit und Geld aufzuwenden. Haben Sie sich für einen guten Züchter in der Nähe ent-

Mutterliebe! Foto: Wagner

schieden, seien Sie nicht allzu enttäuscht, wenn es beim nächsten Wurf nicht sofort mit einem Welpen klappt. Es kann passieren, dass ein geplanter Deckakt – aus welchen Gründen auch immer – nicht funktioniert oder dass eine belegte Hündin leer bleibt, nicht genügend Welpen in dem Wurf dabei sind oder aber das gewünschte Geschlecht nicht verfügbar ist. In diesen Fällen lohnt es sich, entweder auf den nächsten Wurf dieser Hündin zu warten oder bei dem Züchter nachzufragen, ob er Ihnen dabei behilflich ist, einen anderen geeigneten Züchter zu finden, der in absehbarer Zeit Welpen haben wird.

Hat man dann endlich den Züchter seiner Wahl gefunden und besucht ihn regelmäßig, ist es nützlich, sich eine Liste mit Fragen anzulegen, die man jeweils zum Besuch mitnimmt, damit so viele wie möglich im Vorfeld geklärt werden.

Voraussetzungen für die Zucht

Gerade bei einer Hunderasse wie dem Golden Retriever, der sehr beliebt ist und viel gezüchtet wird, ist es besonders wichtig, einen Hund aus einer guten und seriösen Zuchtstätte zu kaufen. Der verantwortungsvolle Züchter und seine Tiere müssen viele Voraussetzungen erfüllen, um die Zuchtzulassung zu erhalten, wobei es geringe Abweichungen zwischen den Bestimmungen des DRC und des GRC gibt. Lassen Sie sich ruhig die entsprechenden Nachweise vorlegen. So erkennen Sie schnell, ob Sie es mit einem zuverlässigen und seriösen Züchter zu tun haben.

Folgende Voraussetzungen müssen erfüllt sein:

Röntgen der Hüftgelenke auf Hüftgelenksdysplasie (HD)

Die Zuchthunde müssen auf HD geröntgt sein. Die HD wird in verschiedene Kategorien eingestuft, die Aufschluss über die Qualität der Lagerung des Hüftgelenks in der Pfanne geben (siehe hierzu Kapitel „Häufige Erkrankungen", Seite 75).

Einstufung

Grad A	Grad B	Grad c	GradD	Grad E
A1 A2	B1 B2	C1 C2	D1 D2	E

Bedeutung

HD-A	HD frei
HD-B	HD-Verdacht
HD-C	HD leicht (mit Auflage)
HD-D	HD mittel (Zuchtausschluss)
HD-E	HD schwer (Zuchtausschluss)

Zur Zucht zugelassen werden nur Hunde bis zum HD-Grad C. Falls jedoch ein Hund in Grad C eingestuft wird, muss der andere Deckpartner entweder über HD-A oder HD-B verfügen.

Röntgen der Ellenbogen auf Ellenbogendysplasie (ED)

In den letzten Jahren ist man endlich dazu übergegangen, nicht nur auf die Hüfte zu achten, sondern seitens der Zuchtkommissionen auch das Röntgen der Ellenbogen zu einer Voraussetzung für die Zuchtzulassung zu machen. Hier wird wie folgt eingestuft:

Ellenbogen	Normal	Grenzfall	Grad I	Grad II	Grad III
Rechts					
Links					

Zur Zucht werden hier nur Golden bis höchstens ED-Grad I zugelassen, wobei in diesem Fall der Deckpartner bis maximal Grenzfall eingestuft worden sein darf.

Die HD- und ED-Untersuchungen erfolgen bei den Hunden ab einem Alter von zwölf Monaten und werden einmalig durchgeführt.

Untersuchung auf erbliche Augenerkrankungen

Zur Zucht zugelassen werden nur Golden Retriever, die auf Progressive Retinaatrophie (PRA), Hereditary Cataract (HC, zu übersetzen mit: vererbbarer Katarakt, also grauer Star) sowie auf Retinadysplasie (RD, Netzhautablösung) untersucht wurden und frei von diesen Erkrankungen sind. Diese Augenuntersuchung, die nur von zugelassenen Tierärzten durchgeführt werden darf, erfolgt erstmalig im Alter von zwölf Monaten und muss gegebenenfalls jährlich wiederholt werden, da sie zum Zeitpunkt des Deckaktes nicht älter als ein Jahr sein darf. Stellt sich zu einem späteren Zeitpunkt heraus, dass ein zur Zucht zugelassener Gol-

Ein Golden darf nur zur Zucht zugelassen werden, wenn er frei von Augenerkrankungen ist. Foto: Lehari

den von einer der oben aufgeführten Augenerkrankungen nicht frei sein sollte, muss er dieses Ergebnis entweder durch einen Obergutachter revidieren können oder wird aus der Zucht genommen.

Wesenstest (WT)

Bei einem Wesenstest wird der Golden ab einem Alter von neun Monaten von einem zugelassenen Wesensrichter auf seine Wesenssicherheit geprüft, der vom Rassestandard des Golden Retrievers nicht abweichen darf.

Zu den geprüften, erwünschten Eigenschaften des Golden zählen nach dem Protokollbogen des „Wesenstests nach Schweizer Muster" (entspricht den Bedingungen des DRC):

- Will to please (Wille zu gefallen)
- Wesenssicherheit
- Temperament
- Bewegungstrieb
- Spieltrieb
- Ausdauer
- Unerschrockenheit
- Aufmerksamkeit
- Beutetrieb
- Bringtrieb
- Unterordnungsbereitschaft
- Bindung
- Vorsicht/Misstrauen
- Sicherheit gegen Menschen
- Sicherheit gegen optische Reize
- Härte (physisch)
- Sicherheit gegen akustische Reize
- Schussfestigkeit

Drei Rüden (oben) und drei Hündinnen (nächste Seite) in unterschiedlichen Farbschattierungen. Fotos: Lehari

Zu den geprüften unerwünschten Eigenschaften des Golden zählen nach dem Protokollbogen des „Wesenstests nach Schweizer Muster“:

- Ängstlichkeit
- Schreckhaftigkeit
- Scheu
- übersteigertes Misstrauen
- angstbedingte Schärfe
- sicherheitsbedingte Schärfe
- Kampftrieb
- Schutztrieb
- Schussscheu

Fällt ein Hund durch diese Prüfung, kann er den Test noch einmal wiederholen, wobei er bei der Wiederholung von einem zugelassenen Zuchtrichter und einem zugelassenen Wesensrichter geprüft wird und bestehen muss.

Formwert (FW)

Ein Golden, der die Zuchtzulassung erhalten soll, muss ferner über einen FW verfügen, wobei – wie der Name sagt – die äußere Form beurteilt wird. Das Mindestalter für die Teilnahme an einem FW beträgt zwölf Monate. Beurteilt werden unter anderem:

- Kopf
- Gebäude
- Gangwerk
- Größe
- Haarkleid
- Verhalten während des FW
- Schussfestigkeit

Das Gebiss des Golden muss ein komplettes Scherengebiss (kein Zangengebiss) von 42 Zähnen aufweisen, wobei das Fehlen folgender Zähne toleriert wird: je zwei P1 (Prämolaren) und M3 (Molaren). Zusätzlich darf maximal ein anderer Zahn fehlen, jedoch keiner der P4 oben und M1 unten. Golden mit fehlenden Zähnen (außer P1 und M3) bekommen die Auflage, nur mit Deckpartnern gepaart zu werden, die über ein komplettes Gebiss verfügen.

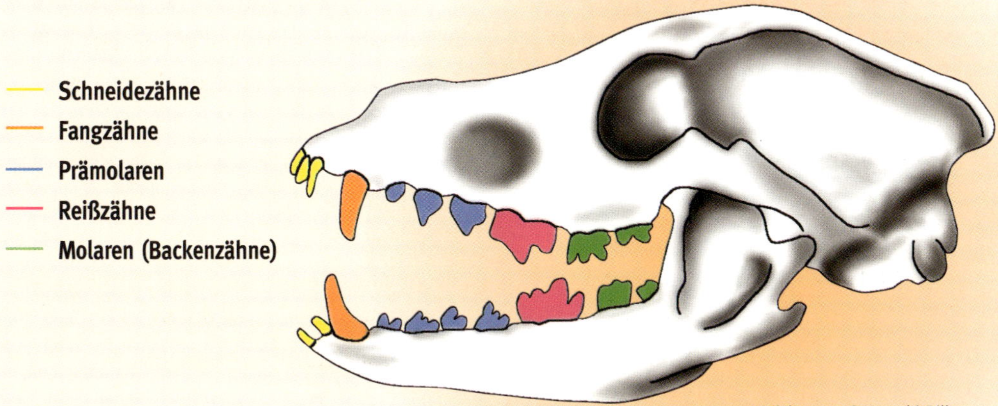

Zeichnung: Czarnecki-Bille

Bei der Formwertbeurteilung können folgende Noten vergeben werden:

v	=	vorzüglich
sg	=	sehr gut
g	=	gut
gg	=	genügend
ng	=	nicht genügend

Erhält ein Golden die Formwertnote „gut", bekommt er zur Auflage, nur mit einem Deckpartner gepaart zu werden, der über eine bestandene BLP (Bringleistungsprüfung), eine RGP (Retrievergebrauchsprüfung) oder eine adäquate ausländische Prüfung verfügt. Dies kommt häufiger bei Hunden aus der Arbeitslinie vor, da sie aufgrund kleiner optischer Schwächen wirklich ihre Arbeitsfreude unter Beweis stellen müssen. Der Formwert kann wiederholt werden.

Nachweis einer über den Wesenstest hinausgehenden Prüfung

Mindestens ein Deckpartner muss über eine über den Wesenstest hinausgehende Prüfung verfügen, das heißt, dass zwei Wesenstests bei einer Verpaarung nicht ausreichen. Anerkannt werden zum Beispiel Begleithundprüfungen, jagdliche und Dummyprüfungen, Rettungshunde- und Fährtenprüfungen sowie vergleichbare ausländische Prüfungen.

Zuchtausschliessende Fehler sind:

- Fehlen eines oder beider Hoden im Hodensack
- Entropium (nach innen gestülptes Augenlid)
- Ektropium (nach außen gestülptes Augenlid)
- HC (vererblicher grauer Star)
- PRA (Netzhautablösung)
- Gebissanomalien (Vorbiss oder Rückbiss)
- weitere erbliche Krankheiten (zum Beispiel nachgewiesene erbliche Epilepsie)

Um mit einem Golden zu züchten, werden nicht nur Ansprüche an den Hund gestellt, sondern auch der Züchter muss bestimmte Kriterien erfüllen....

Zwingername

Der Züchter muss bei der Zuchtkommission einen Zwingernamen beantragen, der von der FCI geprüft wird. Dieser Zwingername ist dann weltweit geschützt.

Zuchtstätte

Nach erfolgreicher Teilnahme an Fortbildungsveranstaltungen wird die Zuchtstätte vom Zuchtwart oder einem Wurfabnahmeberechtigten abgenommen. Diese autorisierten Personen überprüfen die Kenntnisse des angehenden Züchters, den Zustand der Räumlichkeiten und der Haltung, den Pflege- und Ernährungszustand der Hunde und die Aufzuchtmöglichkeiten der Welpen.

Erst nach diesem steinigen Weg kann dann die erstrebte Zuchtzulassung beantragt werden. Sie sehen also, dass ein guter Züchter nicht nur mal eben so einen Wurf machen kann.

Optimal ist es, wenn man beim Züchter nicht nur die Mutter, sondern auch den Vater und andere mit den Welpen verwandte Hunde sieht. Foto: Wagner

Was ein Züchter noch bei seinen Zuchthunden und bei der Aufzucht der Welpen beachten muss, wird im Folgenden beschrieben.

Der Deckrüde

Viele Rüdenbesitzer träumen davon, dass nach dem Erhalt der Zuchtzulassung die Hündinnenbesitzer Schlange stehen und dass sie so mal schnell durch Deckakte Geld verdienen können. Das ist aber nicht so. Auch der beste Rüde muss gezeigt werden, damit er an Bekanntheit und Beliebtheit gewinnt. Das bedeutet aufwendiges Üben, Fahrten zu Ausstellungen und Trainieren für Prüfungen, was einen immensen Aufwand an Zeit, Geld und Geduld erfordert.

Insbesondere der Rüdenbesitzer sollte sich ernsthafte Gedanken darüber machen, ob sein Hund wirklich eine Bereicherung für die Rasse Golden darstellt, denn nach Erteilung der Zuchtzulassung kann der Rüde theoretisch bis an sein Lebensende decken und somit sein Erbgut an unzählige Nachkommen weitergeben. Der Besitzer sollte bevorstehende Verpaarungen gewissenhaft prüfen – im Zweifel mithilfe der Zuchtkommission – und viel Zeit und Geduld für seinen Hündinnenbesuch aufbringen. Die Natur lehrt uns immer wieder,

Zum Decken fährt der Hündinnenbesitzer grundsätzlich mit seiner Hündin zum Deckrüden. Foto: Widmann

dass Rüden nicht einfach so decken, weil wir Menschen es gerade jetzt wollen, und insbesondere unerfahrene Hündinnenbesitzer werden leicht ungeduldig, wenn es beim ersten Mal nicht gleich klappt. Deckt ein Rüde viel, sollte zum Wohl beider vor dem Decken auch der Rüde beim Tierarzt untersucht werden, wobei gegebenenfalls ein Abstrich gemacht wird, um eine eventuelle Krankheitsübertragung auszuschließen.

Fair ist eine Vereinbarung, dass die Hündin kostenlos bei der nächsten Läufigkeit wieder kommen darf, falls es beim ersten Mal nicht geklappt hat. Sollte die Hündin zwischenzeitlich aus der Zucht genommen oder erkrankt sein, kann gegebenenfalls eine andere Hündin des Besitzers kommen oder ein Teilbetrag der Decktaxe zurückerstattet werden.

Die Zuchthündin

Für die erste Belegung einer Hündin ist ein Mindestalter von 20 Monaten vorgeschrieben (in der Regel hatte die Hündin dann bereits zwei Läufigkeiten), da Retriever Spätentwickler sind. Eine Zuchthündin darf vier Würfe bis zur Vollendung des siebten Lebensjahres haben.

Man sollte nicht mit einer Hündin aus sentimentalen Gründen züchten („Wir hätten so gerne mal zumindest einen Wurf!"), sondern sich ernsthaft Gedanken machen, ob die Hündin wirklich für die Zucht geeignet ist. Auch wir Menschen sollten uns ehrlich fragen, ob wir eventuelle Komplikationen (Kaiserschnitt, Missbildungen, Totgeburten, Leerbleiben der Hündin), den achtwöchigen Trubel während der Aufzucht der Welpen, die Verantwortung für die Nachzucht und die Auswahl geeigneter Familien ertragen können.

Generell fährt der Hündinnenbesitzer zum Deckrüdenbesitzer, nachdem gewissenhaft überprüft wurde, ob alle notwendigen Voraussetzungen für die Verpaarung erfüllt sind. Allein der Hündinnenbesitzer trägt schließlich die Verantwortung dafür, dass alles seine Richtigkeit und Vollständigkeit hat (gerne wird hier die aktuell gültige Augenuntersuchung vergessen). Gerade beim ersten Deckakt sollte man sehr behutsam und geduldig mit einer Hündin umgehen und dabei sein. Der Golden will immer bei seinem Menschen sein und erst recht in solch einer neuen, für die Hündin oft belastenden und einschüchternden Situation.

Hat man eine längere Anfahrt zum Rüden, sollte man bei seiner Hündin nicht nur einen bakteriellen Scheidenabstrich machen, sondern auch den Progesteronwert, das heißt den Hormonspiegel (etwa ab dem achten Tag) prüfen lassen. So lässt sich der beste Decktermin bestimmen. Lieber kommt man ein wenig zu früh als zu spät, denn im letzteren Fall muss man sich bis zur nächsten Läufigkeit gedulden. Man sollte nicht verzagen, wenn es nicht gleich am Ankunftstag mit dem Decken klappt, die Hunde wissen den Zeitpunkt oft besser als wir Menschen und häufig vergehen ein paar Tage, bis sich die Hunde dann vereinen. Nach erfolgtem Deckakt sollte man die Hündin mit Trinkwasser versorgen, ihr Ruhe und gegebenenfalls im Auto ein Schläfchen gönnen.

Diese Zeit kann man dann gut nutzen, um mit dem Deckrüdenbesitzer den erforderlichen Deckschein, der zuvor bei der Zuchtkommission angefordert worden sein muss, auszufüllen. Der Deckschein muss mit diversen weiteren Unterlagen innerhalb einer bestimmten Frist bei der Zuchtkommission eingereicht werden. Dann beginnt das große Warten, bis geklärt ist, ob das Decken erfolgreich war.

Nach etwa 25 Tagen (hier variieren die Meinungen) kann der Tierarzt durch Ultraschall in der Regel gut erkennen, ob eine Hündin aufgenommen hat, aber die genaue Anzahl der Föten ist schlecht festzustellen. Erfahrene Tierärzte beherrschen die Palpation (Abtasten der Föten im Mutterleib). Ein sicheres Indiz für eine Trächtigkeit ist glasiger Ausfluss aus der Scheide der Hündin ab dem 21. Tag.

An dieser Stelle ist es leider unmöglich, genauer auf den Deckvorgang, die bevor-

Eine gute Mutterhündin versorgt instinktiv ihre Kleinen richtig und nabelt sie auch selber ab. Foto: Widmann

stehende Trächtigkeit, die etwa 63 Tage dauert, und die Geburt einzugehen. Hierüber sollte sich der gewissenhafte Zuchthündinbesitzer eingehend in Gesprächen mit erfahrenen Züchtern, in der Literatur und in der Praxis (bei einer Geburt zuschauen oder mithelfen) informieren.

Aufzucht der Welpen

Der Wurf ist gefallen und nun ist der Züchter bis zur Abgabe der Welpen, das heißt mindestens acht Wochen, gefordert. Die ersten zwei bis drei Wochen übernimmt die Mutterhündin die gesamte Arbeit: Sie säugt die völlig hilflosen, noch blinden und tauben Welpen, die lediglich riechen können und Wärme spüren. Sie massiert die Bäuchlein, damit die Darm- und Blasenfunktion

Mit der Muttermilch nehmen die Welpen wertvolle Abwehrstoffe auf, die ihr Immunsystem stärken. Foto: Widmann

angeregt wird, und sie putzt die ganzen Ausscheidungen der Welpen auf. In dieser Zeit braucht sie Ruhe und es sollten noch keine Besucher – auch in Anbetracht der Infektionsgefahr – ins Haus kommen. Bis dahin sorgt der Züchter lediglich für Hygiene in der Wurfkiste, die mindestens 100 mal 100 Zentimeter groß sein sollte, für gute Ernährung der Mutterhündin, zugfreie Umgebung, ausreichend Wärme und tägliche Gewichtskontrolle der Welpen.

Die Gewichtskontrolle ist nicht nur wichtig, um festzustellen, ob sich alle Welpen gleichmäßig gut entwickeln, sondern die Kleinen gewöhnen sich schon von Geburt an an den Menschen.

Spätestens ab der vierten Woche ändert sich dieser friedliche Zustand, da die Welpen dann beginnen zu hören, die Augen zu öffnen und anfangen, sich in der Wurfkiste fortzubewegen. Ungefähr ab diesem Zeitpunkt werden die Welpen mit im Fachhan-

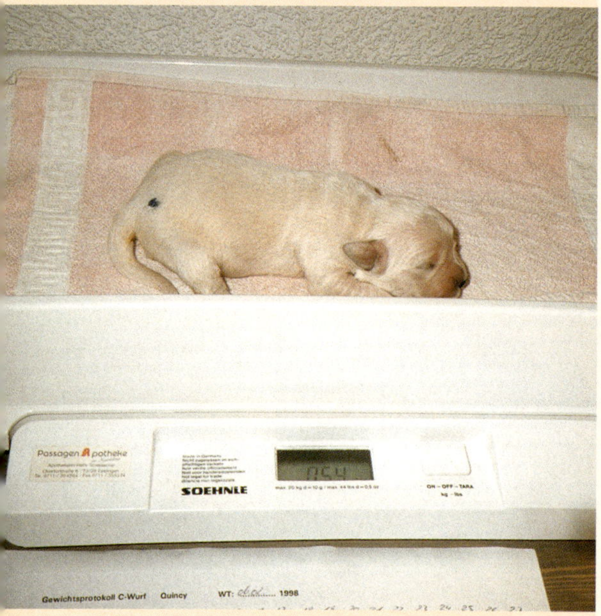

Bei der regelmäßigen Gewichtskontrolle gewöhnen sich die Welpen schon an den Kontakt zu Menschen. Foto: Wagner

Die Umgebung sollte für die Welpen möglichst abwechslungsreich gestaltet werden. Foto: Wagner

del erhältlicher Welpenmilch zugefüttert. Der Radius, in dem sie sich bewegen können, sollte täglich vergrößert und interessanter gestaltet werden. Rasch entwickeln sie sich ab diesem Zeitpunkt physisch und mental, nehmen ihre Geschwister und ihre gesamte andere Umwelt wahr. Stück für Stück müssen ihnen nun mehr optische und akustische Reize geboten werden.

Wenn das Wetter es zulässt, kommen die Welpen nun täglich tagsüber in einen gut gesicherten Auslauf ins Freie mit vielen Spiel- und Versteckmöglichkeiten und werden bis zur Abgabe mit acht Wochen langsam an vier Mahlzeiten gewöhnt. Es sollten nun auch so viele Menschen wie möglich zu Besuch kommen, da die Welpen nicht nur auf ihre Geschwister, ihre Mutter und den Züchter, sondern auch auf andere Menschen jeden Geschlechts und jeder Altersstufe geprägt werden sollten.

Kommen Kinder mit zu Besuch, sollte darauf geachtet werden, dass sie weder im Auslauf herumspringen (sie könnten auf einen Welpen treten oder über einen stolpern) noch dass sie Welpen herumtragen, da sie einen zappelnden Kleinen, der mittlerweile bereits einige Kilogramm wiegt, fallen lassen könnten. Möchten Kinder einen Welpen auf den Arm nehmen, so sollten sie sich hierzu auf den Boden setzen und ihn welpengerecht festhalten. Auf keinen Fall darf man einen Welpen an den Vorderläufen oder unter den Achselhöhlen packen und hochheben. Die eine Hand umfasst sicher die Brust des Kleinen und die andere Hand hält stützend sein Gesäß.

Die Auswahl des passenden Welpen ist nicht immer ganz einfach. Foto: Wagner

Auswahl des passenden Welpen

Ab der vierten Lebenswoche der Welpen hat der Welpenkäufer bei seinen regelmäßigen Besuchen die Möglichkeit, den Wurf und die Mutterhündin zu beobachten und den Züchter ausgiebig zu befragen.

Normal entwickelte Welpen zeigen folgende Merkmale:

Wesen: Zutraulich, verspielt, fröhlich, neugierig und an Umwelt und Menschen interessiert. Außer wenn ein Welpe schläft, sollte er nie einen matten Eindruck machen.

Körper: Pummelig, ohne dick zu sein, jedoch unter keinen Umständen dünn oder gar dürr; gerader Rücken mit dicker, gut angesetzter, ständig wedelnder Rute, die sich zum Ende hin verjüngt; substanzvoller Knochenbau mit großen, runden Pfoten.

Augen: Schwarz, klar und glänzend mit dunklen Lidrändern, ohne jeglichen Ausfluss.

Nase: Schwarz, sauber und trocken ohne Ausfluss.

Ohren: Sauber und trocken; schüttelt sich der Welpe häufig, ist das meist ein Indiz für eine Ohrenentzündung.

Fell: Typisch „plüschiges", dichtes und sauberes Fell ohne parasitären Befall, mit dem typisch süßlichen Welpengeruch.

Kopf: Bereits der Welpe hat den typischen Golden-Kopf, das heißt, er hat einen recht breiten Oberkopf, einen guten Stopp und einen kurzen, breiten Fang.

Gebiss: Komplettes Scherengebiss, das heißt, zwischen Ober- und Unterkiefer zeigt sich ein deutlicher Abstand.

Wie sich ein Golden entwickelt, hängt nicht nur von seinen Genen, sondern auch von Umwelteinflüssen ab.
Foto: Lehari

Ist man sich über die Frage des Geschlechts einig geworden, sollte man dem Züchter die endgültige Entscheidung überlassen, welchen Welpen man aus dem Wurf bekommt. Da er die meiste Zeit mit den Welpen verbringt, sieht er nicht nur – wie Welpeninteressenten – Momentaufnahmen während eines Besuches, sondern beobachtet den Wurf rund um die Uhr. Gerne wird der Züchter dem Interessenten die einzelnen Welpen einmal auf den Tisch stellen, um ihm das Gebäude des Hundes zu zeigen und zu erklären, und auch behilflich sein, in das Mäulchen des Welpen zu schauen.

Äußern Sie dem Züchter gegenüber ehrlich Ihre Ambitionen. Möchten Sie mit dem Hund später gerne arbeiten, auf Ausstellungen gehen oder ihn „nur“ als Familienhund halten? Nur wenn Sie wirklich ehrlich sind, kann der Züchten Ihnen helfen, den richtigen Welpen für Sie auszusuchen.

Hinweis

Bis zur Abgabe werden die Welpen beim Züchter viermal entwurmt, vom Zuchtwart des Vereins oder von einem Wurfabnahmeberechtigten abgenommen, das heißt auf Gesundheit und Pflegezustand geprüft, und von einem Tierarzt bereits gegen Staupe, Hepatitis und Parvovirose geimpft und gechipt.

Natürlich kann kein Züchter die Gewähr dafür übernehmen, wie sich der Welpe später wirklich entwickelt, sei es gesundheitlich, vom Wesen oder vom äußeren Erscheinungsbild her. Es handelt sich nun mal um ein Lebewesen, das nicht nur von Genen bestimmt wird, sondern auch Umwelteinflüssen unterliegt. Ein Züchter verkauft Welpen und keine Champions oder Zuchthunde – das werden sie vielleicht erst mit viel Aufwand und Glück später.

Welpe und Junghund

Gerade ein Welpe ist besonders sensibel und man sollte ihm seine volle Aufmerksamkeit und Fürsorge schenken. Insbesondere zwischen der achten und 16. Lebenswoche lernt ein Welpe am schnellsten, am meisten und am nachhaltigsten. In dieser Zeit wird er behutsam an allerlei Dinge gewöhnt und herangeführt, ohne ihn mit Reizen zu überfluten und zu überfordern. Stets sollte man sich vor Augen halten, wie schnell diese Zeit vergeht!

Tipp

Folgende Utensilien sollte man sich anschaffen, bevor der Golden-Welpe ins Haus einzieht:

- *mindestens zwei Decken (Dry-, Vet- oder Softbed genannt)*
- *Welpenhalsband und Leine (noch kein Würgehalsband mit Stopp)*
- *zwei Näpfe (vorzugsweise aus Edelstahl, da Keramik zerbrechlich ist und Kunststoff schnell unansehnlich wird), einen für stets frisches Trinkwasser, einen für das Futter*
- *Pfeifenset (schmale Pfeife und Triller für die Erziehung/Ausbildung)*
- *Kamm und Bürste*
- *Zeckenzange*
- *welpengerechtes Spielzeug*
- *Welpenfutter für die erste Zeit*

Abholung

Am besten holt man seinen Welpen morgens ab, damit er noch recht viel Zeit des Tages mit seinen neuen Menschen verbringen kann. Man sollte ihn zu zweit abholen, damit eine Person ungestört fahren und die Begleitperson sich um den Kleinen kümmern kann. Beim Züchter werden an diesem Tag die notwendigen Formalitäten erledigt. Der Kaufvertrag wird unterschrieben, der Impfpass und eine Kopie des Wurfabnahmeberichtes werden ausgehändigt (die Ahnentafel wird in der Regel nachgereicht, da sie erst nach der Wurfabnahme beantragt werden kann). Normalerweise gibt der Züchter Ihnen einen Futterplan für das erste Lebensjahr sowie Futter für die erste Zeit mit, damit der Welpe sich in seinem neuen Heim nicht umstellen muss.

Tipp

Folgendes gehört ins Reisegepäck:

- *Halsband und Leine für einen eventuellen Zwischenstopp*
- *Napf und Trinkwasser*
- *Handtuch und/oder Decke*
- *eine Rolle Küchenpapier*
- *eine leichte Welpenmahlzeit für Fahrten, die länger als vier Stunden dauern (Joghurt, Banane oder Ähnliches)*

Nun kann der Heimweg angetreten werden. Optimal ist es, wenn der Beifahrer den Welpen auf seinen Schoß nimmt und beruhigend auf ihn einwirkt. Wenn man das nicht möchte, ist es ratsam, den Welpen auf einer möglichst heimisch riechenden Decke oder einem Handtuch auf dem Rücksitz neben der Begleitperson zu transportieren.

Ist man gezwungen, seinen Welpen allein abzuholen, muss er in einer gesicherten Transportbox befördert werden, damit er nicht im Auto herumspringt.

Nicht gut ist es, wenn man ihn in einem Kombi mit Sicherheitsnetz oder -gitter im Gepäckraum transportiert, da er in jeder Kurve oder bei jedem Bremsmanöver hin und her purzelt, sich alleine fühlt und ihm höchstwahrscheinlich schlecht wird. Mit Sicherheit wird er dann nicht mehr allzu gerne Auto fahren.

Auch wenn der Züchter vielleicht mit den Welpen bereits einige Autofahrten unternommen hat, vermeiden Sie, dass der Kleine aus dem Fenster spazieren guckt. Von der schnell vorbeirasenden Landschaft und den anderen Autos könnte ihm schlecht werden. In der Regel überstehen kleine Golden sogar Autofahrten über einige hundert Kilometer recht gut. Hat man eine längere Heimfahrt, sollte man genügend Pausen einlegen, um dem Welpen die Möglichkeit zu geben, sich entweder auf einer abgelegenen Wiese frei oder an der Leine zu lösen, und ihm Trinkwasser anzubieten. Unterwegs darf er nicht zu viel gefüttert werden, damit er bei der Weiterfahrt nicht spuckt.

In den ersten Tagen im neuen Heim muss der Welpe in Ruhe seine neue Umgebung erkunden können.
Foto: Wagner

Die erste Zeit im neuen Heim

Der Welpe braucht in den ersten Tagen Ruhe. Man sollte keine Besucher einladen oder Handwerker bestellen. Wird der Welpe nämlich in der ersten Zeit von aufdringlichen Besuchern bedrängt, wird ihn dies nur verunsichern. Er muss sich zunächst an seine neue Umgebung und an sein neues Rudel gewöhnen. Das Haus sollte schon vor Einzug des neuen Familienmitgliedes welpengerecht gestaltet sein: Gefährliche Treppenauf- und -abgänge sind gesichert, es liegen keine Elektrokabel herum, niedrige Steckdosen sind mit Kindersicherungen versehen, leicht zerbrechliche Gegenstände sind weggeräumt und so weiter.

Der Welpe muss so lange wie möglich auf Treppen getragen werden, da er durch seine Tollpatschigkeit einerseits sehr sturzgefährdet ist und andererseits das Hinauflaufen der Treppen extrem die Hüftgelenke und das Herablaufen die Ellenbogengelenke

Um den Welpen stubenrein zu bekommen, sollte man ihn anfangs immer genau beobachten und regelmäßig nach draußen bringen. Foto: Widmann

belastet. Erst wenn man den Welpen nicht mehr tragen kann, weil er zu schwer geworden ist, kann man ihn langsam an das Treppenlaufen gewöhnen, indem man ihn zunächst jeweils nur die letzten paar Stufen hinauf- oder hinablaufen lässt.

In den ersten vier Wochen reicht es eigentlich völlig aus, mit dem Welpen nur in den eigenen Garten zum Lösen, Spielen oder Üben zu gehen, da er beim Züchter recht wenig Platz mit vielen Wurfgeschwistern teilen musste und nun alles neu und viel größer für ihn ist. Abgesehen davon ist zu beachten, dass der Impfschutz des Welpen erst nach erfolgter Zweitimpfung mit zwölf Wochen, bei der auch Tollwut geimpft wird, komplett ist. Bis zu dieser Zeit besteht für ihn noch höchste Ansteckungsgefahr und er sollte nicht auf Wegen laufen, die von vielen anderen Hunden benutzt werden.

Stubenreinheit

Die Hauptbeschäftigung ist es nun, den Welpen an sein neues Heim und alle Familienmitglieder zu gewöhnen und ihn stubenrein zu bekommen. Stubenreinheit ist für die meisten Neuhundebesitzer zunächst das wichtigste Thema. Gewöhnen Sie Ihren Welpen an eine bestimmte ruhige Stelle im Garten oder auf der nächsten Wiese, wo er sich lösen soll, und loben ihn nach Verrichtung seines Geschäftes. Loben Sie nicht, während er sein Geschäft verrichtet, denn er könnte sonst abbrechen und den Rest im Haus erledigen. Suchen Sie nicht gerade einen Ort aus, zum Beispiel direkt am Zaun, an dem Passanten vorbeilaufen – dies könnte den Welpen ebenfalls stören.

Faustregel ist, dass ein Welpe nach jeder Mahlzeit, nach jedem Schläfchen, nach jedem Toben sowie nach jedem Eintreffen eines Besuchers (Pinkeln vor Freude) sofort ins Freie muss.

Gerade in den ersten Wochen muss man seinen Welpen gut beobachten: Wird er unruhig, schnüffelt er am Boden, läuft er zur Tür und winselt sogar noch, dann heißt es schnell sein! Wie lange es braucht, bis ein Golden Retriever stubenrein wird, ist von Tier zu Tier unterschiedlich, einige sind es sehr früh, andere brauchen etwas länger.

Schlafplatz

Der Schlafplatz des Welpen soll warm, trocken, weich und zugfrei sein; dies gilt sowohl für die Nacht als auch für sein Plätzchen am Tag. Wählen Sie einen Ort im Haus, an dem nicht gerade der meiste Umtrieb herrscht wie zum Beispiel im Flur. Dort könnte er nicht in Ruhe seinem noch extremen Schlaf- und Ruhebedürfnis nachkommen. Auch sollen Kinder angehalten werden, den schlafenden Welpen in Ruhe zu lassen.

Es ist ratsam, nachts bei seinem Welpen zu schlafen, und zwar so bekleidet, dass man direkt hinausgehen kann, wenn er sich meldet. Das Fassungsvermögen der Blase und des Darms und die Kontrolle darüber sind bei einem kleinen Hund einfach noch nicht so gut, dass er warten kann, bis man sich in Ruhe angezogen hat. Entweder sollte der Welpe im Schlafzimmer oder der neue Besitzer bei seinem Welpen zum Beispiel im Wohnzimmer auf der Couch schlafen. Wenn der Welpe sich nachts nicht meldet, kann man sich auch alle drei bis vier Stunden den Wecker stellen und mit dem Kleinen zum Lösen hinausgehen – gespielt wird aber nachts nicht!

Eine gute Sache sind Gitterboxen, die man als Zimmer-Kennel und später als Transportbox im Auto verwenden kann. Eine mit einer warmen, weichen Decke ausgelegte Gitterbox nimmt ein Welpe gerne als seine Höhle an, in die er sich auch jederzeit freiwillig zurückzieht. Ist ein Welpe daran gewöhnt, indem man ihm in der Box bei zunächst offener Tür Spielzeug und Kauartikel anbietet, wird er sich sehr wohl darin fühlen. Schläft er nachts in solch einer Box bei geschlossener Tür, muss er sich bemerkbar machen, wenn er ins Freie muss, da kein Welpe sein eigenes Lager beschmutzt. Eine weitere positive Begleiterscheinung ist, dass Kinder sehr schnell akzeptieren, den Welpen in Ruhe zu lassen, wenn er in seiner Höhle ist. Auch im Falle von Besuchern, die Angst vor Hunden haben, wird kein Welpe es übel nehmen, wenn er vorübergehend in seine Box muss – und dennoch alles mitbekommt.

Name

Oft hört der Kleine vom ersten Tag an seinen – wenn möglich zweisilbigen– Namen, der stets freundlich und liebevoll ausgesprochen und nur mit positiven Dingen verknüpft wird. Der Golden muss seinen Namen lieben – deshalb erwähnen Sie den Namen nie im Zusammenhang mit Strafe oder Schelte. Fordern Sie ihn mit seinem Namen zum Spiel und zum Schmusen auf, rufen Sie ihn mit seinem Namen zum Fres-

Sprechen Sie Ihren Welpen beim Schmusen auch liebevoll mit seinem Namen an. Foto: Lehari

sen, loben Sie ihn für etwas, was er gut gemacht hat, und erwähnen Sie in diesem Zusammenhang seinen Namen. Bald wird der Welpe seinen Namen und somit sich selbst ganz toll finden!

Spielen

Auch wenn es noch so schwer fällt: Kommt Ihr Welpe auf Sie zu und fordert ein Spiel ein, gehen Sie nicht oder zumindest nicht immer darauf ein. Er fühlt sich sonst als Chef, das heißt als Rudelführer, der bestimmt, wann was gemacht wird. Rufen Sie vielmehr Ihren Welpen zu sich, wenn er gar nicht damit rechnet, und beginnen Sie das Spiel, das Sie wiederum auch beenden. Sie können das Spiel beenden, wenn Sie keine Lust mehr dazu haben, müssen es jedoch sofort beenden, wenn der Welpe zu wüst wird. Verbeißt er sich zum Beispiel in Kleidungsstücke und zerrt sogar noch daran oder zwickt er mit seinem spitzen Milchgebiss zu grob zu, muss das Spiel beendet werden! Der Welpe muss lernen, dass wir Menschen bestimmen, was gemacht wird, und dass wir andererseits kein Fell haben, das uns vor seinen spitzen Zähnchen schützt. Der Welpe muss die so genannte Beißhemmung noch lernen. Später ist die Weichmäuligkeit besonders wichtig, da der Golden ja vom Ursprung her für die Jagd gezüchtet wurde und geschossenes Wild unversehrt zu seinem Menschen bringen muss.

Möchte man hingegen gezielt seinem Welpen einen Gegenstand abnehmen, versucht man es zunächst durch autoritäre Körpersprache und ein Kommando (zum Beispiel „Aus“). Klappt dies nicht auf Anhieb, sollten unnötige Wiederholungen vermieden werden. In dem Fall schlägt man dem Welpen ein Tauschgeschäft vor – Spielzeug oder Leckerli gegen den auszugebenden Gegenstand –, was in der Regel auch funktioniert.

Wenn die Mutterhündin nicht mehr für die Erziehung des Welpen da ist, muss der Mensch diese Aufgabe übernehmen. Foto: Widmann

Handelt es sich bei dem Welpen um ein äußerst hartnäckiges Kerlchen, kann man ihm den Gegenstand mit einem Schnauzen- oder Dominanzgriff abnehmen, wobei man mit der einen Hand den Gegenstand festhält, die Schnauze des Welpen zwischen Daumen und Finger nimmt und Druck auf die Oberlefzen ausübt. Dieser Griff kann später auch einmal sehr wichtig sein, wenn der Hund draußen etwas vom Boden aufgenommen hat, was seiner Gesundheit schaden könnte.

Will der Welpe partout sein Spiel fortsetzen und wird aufdringlich, ignoriert man ihn am besten völlig, indem man wegschaut, sich abwendet, die Hände hinter dem Rücken verschränkt, nicht mehr mit ihm spricht oder gar den Raum verlässt. Schnell wird er dieses Spiel einerseits als langweilig empfinden und ablassen, andererseits lernt er „hundlich", wann es genug ist.

Hunde diskutieren untereinander auch nicht und verstehen sofort, wann es dem

Vor den spitzen Milchzähnen ist nichts sicher, was in Reichweite des Welpen kommt.
Foto: Wagner

Gegenüber reicht. Auch die Mutterhündin zeigt ihren Welpen bereits deutlich, wann sie Lust zum Spiel hat und wo und wie lange gespielt wird. Das Ignorieren ist wesentlich effizienter als ewiges Wegschubsen, Nein-Kommandos oder gar Rumschreien – das empfindet der Welpe aus seiner Sicht als Bestätigung und als lustig und wird weiterhin versuchen an Ihnen herumzuzerren.

Hinweis

Stark gefürchtet ist beim Golden Retriever die so genannte Magendrehung, die verheerende, oftmals tödliche Folgen haben kann. Doch beim Welpen braucht man dieses Problem nicht zu befürchten: Der Körper ist noch so kompakt und klein, dass sich der Magen nicht drehen kann. Deshalb keine Panik, wenn der Welpe unmittelbar nach dem Fressen tobt.

Generell sollten Zerrspiele wie mit einem Spieltau oder Handtuch vermieden werden, da dies dem Milchgebiss schaden kann und einen eventuell vorhandenen latenten Kampf- oder Dominanztrieb noch fördert. Der Zahnwechsel vom Milchgebiss zum endgültigen Gebiss erfolgt ungefähr ab dem dritten Monat und dauert etwa bis zum sechsten Monat. Insbesondere in dieser Zeit ist nichts vor einem Welpen sicher (Teppichfransen, Zimmerpflanzen, die teilweise giftig sind, Tischbeine, Schuhe und vieles mehr). Lassen Sie in dieser Zeit keine Gegenstände auf dem Boden liegen, die nicht für den Welpen bestimmt sind, und bieten Sie ihm viele Kauartikel an. Erwischen Sie ihn auf frischer Tat, muss sein Verhalten sofort unterbunden werden. Loben Sie ihn sofort, wenn er von seinem Vorhaben ablässt.

Vermeiden sollte man auch Spiele auf rutschigen Böden und das Werfen von Gegenständen im Haus. Der Welpe könnte ausrutschen oder gegen ein Möbelstück prallen und sich üble Verletzungen zuziehen.

Alleine bleiben

Von klein auf sollten man seinen Welpen regelmäßig an das Alleinbleiben gewöhnen. Nicht immer kann man ihn überall hin mitnehmen. Insbesondere im Hochsommer bei extremen Temperaturen hat ein Welpe im parkenden Auto nichts zu suchen, während Frauchen beim Arzt oder beim Einkaufen ist. Fangen Sie in kleinen Schritten an. Verlassen Sie das Haus, als würden Sie nur in ein anderes Zimmer gehen, und vermeiden Sie große Abschiedszeremonien. Der Welpe denkt sonst, dass etwas ganz Besonderes passiert, und regt sich nur unnötig auf. Verlassen Sie das Haus auch nicht, während der Welpe schläft. Er könnte erwachen und Sie vergeblich suchen und in Panik geraten, die Wohnung verschmutzen, Gegenstände kaputtmachen und heulen oder bellen.

Nachdem der Welpe sich gelöst hat, verlassen Sie ruhig das Haus, warten draußen in Hörweite ab, was passiert, und kehren anschließend ganz gelassen wieder, als wäre gar nichts. Denn lassen Sie Wiedersehensfreude spüren, verknüpft der Welpe mit Ihrer Abwesenheit nur Schreckliches, nämlich dass sein Mensch, auf den ja er aufpassen muss, weg war. Ein Rudelführer kann kommen und gehen, wann er will, und das sollte man seinem Hund klar machen. Macht man hingegen großes Aufhebens um das Verlassen und Betreten des Hauses, fühlt der Welpe sich für seinen Menschen verantwortlich und nicht umgekehrt.

Bellt oder winselt der Welpe, während man sich draußen aufhält, kehrt man energisch in das Haus zurück, schimpft kurz, um dann das Haus ruhig wieder zu verlassen. Diese Prozedur wird wiederholt, bis der Kleine verstanden hat, dass er ruhig und gelassen allein bleiben kann.

Zum Zeitvertreib und zur Ablenkung sollte man einem Welpen auch keine Kauartikel zur Verfügung stellen, wenn man das Haus verlassen möchte. Welpen haben noch wenig Routine im Umgang mit solchen Dingen und könnten das letzte Stückchen vor lauter Gier hastig schlucken und daran ersticken.

Kommt man nach längerer Zeit nach Hause und merkt dem Welpen an, dass er völlig verschlafen ist, bringt man ihn ohne große Begrüßungsgeste zunächst ins Freie zum Lösen, da er nach seiner Ruhephase und vor Freude mit Sicherheit sein Geschäft verrichten muss.

Im Auto dabei

Zunächst unternehmen Sie mit dem Welpen nur kurze Autofahrten, mit denen er etwas Positives verknüpft. Das kann die Fahrt zu einem Wurfgeschwisterchen sein, mit dem er ausgiebig toben kann, oder die zur nächsten Wiese, auf der er nach Herzenslust mit Ihnen spielen oder buddeln kann. Vermeiden Sie – wenn möglich –, dass die erste Autofahrt zum Tierarzt geht, da dies nicht unbedingt eine positive Erfahrung für den Welpen ist.

Golden Retriever wollen am liebsten immer und überall dabei sein und fahren in der Regel gerne Auto. Ist dies nicht der Fall, füttern Sie den Kleinen zunächst im Auto und schmusen Sie anschließend kräftig mit ihm. Wenn ihm das gefällt, kann man den Welpen bei laufendem Motor im Auto füttern, ohne dabei zu fahren. Klappt dies auch, so kann man die ersten kurzen, nicht allzu kurvigen und hektischen Autofahrten beginnen.

Auf alle Fälle sollte man nicht mit einem frisch gefütterten Welpen Auto fahren und ihn auch nicht aus dem Fenster schauen und aus Sicherheitsgründen nicht im Auto herumklettern lassen. Im Falle einer Vollbremsung könnte dies für den Welpen und den Menschen verheerende Folgen haben. Es gibt für die Rücksitzbank im Fachhandel spezielle Sicherheitsgeschirre, mit denen der Hund gut gesichert ist. Für Kombis gibt es spezielle Gitter oder Transportboxen, in denen ein Hund am sichersten transportiert wird und die den restlichen Raum für Gepäckstücke frei lassen.

Insbesondere bei längeren Autofahrten, wenn der Golden stundenlang ruht, sollte man ihn bei einer eingelegten Pause nicht aus dem Auto springen und sofort losrennen lassen. Nach dieser längeren Ruhephase sind die Muskeln kalt und die Bänder und Gelenke noch nicht so beweglich. Kein Jogger rennt sofort los, sondern macht sich vor dem Laufen erst warm. Gehen Sie deshalb zunächst ein paar Minuten mit dem Hund an der Leine, damit er warm wird, und lassen ihn dann erst nach Herzenslust herumtollen.

Hauserziehung

Die Hauserziehung beginnt vom ersten Tag an, das heißt, erwünschtes Verhalten wird bestärkt und unerwünschtes Verhalten (zum Beispiel am Tisch betteln, an Menschen hochspringen, auf den Sessel oder ins Bett hüpfen, an Gegenständen nagen) wird unterbunden.

Untersagen Sie von vornherein Verhaltensweisen, die Sie später korrigieren müssten, und achten Sie auf das richtige Timing. Ein Tadel, erst ein paar Minuten nach einem unerwünschten Verhalten oder ein Lob, das viel zu spät kommt, kann der Welpe nicht mit dem eigentlichen Verhalten verknüpfen. Hier sollte man wirklich äußerst korrekt handeln und auch das Maß von Lob und Tadel genau überdenken. Nagt Ihr Welpe zum Beispiel an einem Tischbein, während Sie telefonieren, nützt es nichts, wenn Sie ihn erst nach Beendigung des Telefonates ausschimpfen. Auch Anschreien wäre der Situation absolut nicht angemessen. Das Jetzt und Hier sind ausschlaggebend für den Welpen, damit er versteht, was Sie von ihm möchten und was nicht! Kommt ein Tadel zu spät oder ist unangemessen, kann das den Welpen sehr irritieren und das Vertrauen zu Ihnen negativ beeinflussen.

Schmunzeln Sie auch nicht innerlich über eine Untat, weil der kleine Kerl ja so niedlich aussieht, und verbieten Sie ihm gleichzeitig etwas. Der Welpe spürt ganz genau, ob Sie etwas ernst meinen oder nicht.

Ebenso sollten Sie stets für ein erwünschtes Verhalten ein und dasselbe Kommando geben und den Hund nicht mit für ihn

Auch wenn man diesem Blick kaum widerstehen kann, bleiben Sie bei der Erziehung des Welpen konsequent. Foto: Widmann

sowieso nicht verständlichen Füllworten überfluten und die Kommandos ändern. Hilfreich ist es, wenn man für die ganze Familie eine Kommandoliste erstellt, an die sich alle im Haushalt lebenden Personen halte. Da der Golden auf Stimme, auf Pfeife und auf Sichtzeichen reagiert, könnte diese so aussehen:

Erwünschtes Verhalten	Stimme	Pfeife	Handzeichen
Welpe soll sitzen	Sitz	Piep	erhobener Zeigefinger
Welpe soll sich hinlegen	Platz	Träller (nicht für Welpen und Junghunde)	flache Handfläche
Welpe soll kommen	Hier	piep – piep (Doppelpfiff)	Abwärtsbewegung des Arms
Welpe soll etwas aus dem Fang geben	Gib ab (das Kommando „Aus" ist für das Ausgeben von Dummys reserviert)		beide Hände unter den Fang
Welpe soll links in Kniehöhe laufen	Fuß		auf den Oberschenkel klopfen
Welpe soll mit einer Aktivität aufhören (zum Beispiel Möbel annagen)	Nein		
Welpe soll sich lösen	Mach schnell		

Eine Kommandoliste zum Loben benötigt man allerdings nicht. Jeder in der Familie kann den Welpen loben, wie er möchte, ob es heißt „Super-Welpi", „feiner Hund", „toll gemacht": Hauptsache ist die ehrliche Freude über das gut Gemachte, die mit heller, freudiger Stimme und entsprechender Körpersprache und eventuell einem Leckerchen quittiert wird. Der Welpe fühlt die ehrliche Freude ganz genau.

Spielerisch kann man vom ersten Tag an seinen Welpen rufen, ihn sitzen lassen, auf sein Fressen warten lassen, ihn abduschen, wenn er schmutzig ist, ihn abtrocknen, bürsten, sein Gebiss kontrollieren, ihm die Ohren putzen und vieles mehr. All das erleichtert den späteren Umgang mit ihm und fördert die Bindung. Auch die sanfte Gewöhnung an den gesamten Haushalt ist für ihn jetzt sehr wichtig: Föhn, Staubsauger, Mixer, Bohrmaschine, Instrumente, alles sollte der Welpe nun kennen lernen.

Bei der spielerischen Hauserziehung kann man sich sehr gut der Zufälle bedienen. Setzt sich der Welpe zufällig erwartungsvoll vor Sie hin, kommt zeitgleich das Kommando „Sitz" und das spontane Lob. Will man nicht nur den Zufall nutzen, so kann man ein Leckerchen zwischen Mittelfinger und Daumen nehmen, den Zeigefinger dabei hochhalten und dem Welpen das Leckerchen dann über die Nase halten und in Richtung Augen nach hinten führen. Der Welpe wird mit dem Blick dem Leckerchen folgen und sich automatisch hinsetzen. In diesem Moment kommt das Kommando „Sitz" und die Belohnung.

Auch das „Platz" kann man in der Situation sagen, in der sich der Welpe freiwillig hinlegt, und ihn anschließend in ruhigem

Ton loben. Lobt man ihn für das Hinlegen zu überschwänglich, besteht die Gefahr, dass er sofort wieder aufsteht. Man kann den Welpen jedoch auch zunächst sitzen lassen, ein Leckerchen zwischen Daumen und Zeigefinger nehmen, eine flache Hand machen und diese an der Nase etwas schräg nach vorne und unten auf den Boden führen. Der Welpe wird dem Leckerchen folgen und sich hinlegen, wofür er wiederum die Belohnung bekommt und ruhig gelobt wird.

Das „Sitz" kann man im Welpenalter schon gut üben.
Foto: Widmann

Wenn man sich etwas anstrengt, ist es nicht schwierig, bereits mit dem Welpen gesittet an der Leine „Fuß" zu laufen. Für einen Welpen nimmt man eine normale Halsung und eine einfache Leine. Die Moxonleine, auch Retrieverstrick genannt, wird erst bei erwachsenen Hunden verwendet.

Zunächst beginnt man, indem man seinem Welpen folgt und nicht umgekehrt und dabei versucht, stets den Welpen auf der linken Seite zu halten und die Leine durchhängen zu lassen. Immer wenn der Welpe sich zufällig links auf Kniehöhe befindet, bekommt er das Kommando „Fuß" und sofort ein Lob oder Leckerchen.

Empfindet der Welpe die Leine als angenehm, kann man gezielt mit ihm Fußlaufen üben, indem man freundlich mit ihm spricht, sodass er auf der linken Seite bleibt und Blickkontakt sucht, wofür er kräftig gelobt wird. Zieht er hingegen, bleibt man stehen, bis er neben einem sitzen bleibt und einen erstaunt anschaut. Dann kommt das Kommando „Fuß" und man läuft weiter. Zieht er wieder, bleibt man erneut stehen. Diese Übung wiederholt man mehrmals, bis der Welpe merkt: Ziehen ist dumm, links neben dem Menschen laufen ist angenehm. Man kann sich auch ein Quietschtier oder ein Lieblingsspielzeug des Welpen vor die Brust halten. Er wird den Gegenstand interessiert anschauen und somit links auf Kniehöhe bleiben.

Will ein Welpe hingegen nicht mitlaufen, sollte man nicht an der Leine zerren, sondern ihn freundlich eventuell mithilfe eines Leckerchens zum Mitkommen auffordern. Kräftige Leinenrucke verursachen beim Welpen in der Regel nur Gegendruck und können seiner Halswirbelsäule schaden.

Im Freien kann man eng an einer Mauer oder Hecke entlanglaufen, damit der Welpe keine Chance hat, nach links auszuweichen. Neigt ein Welpe zum extremen Ziehen an der Leine, kann man auf einem Schotterweg üben. Der Schotter ist für die Welpenpfoten

So wird eine Moxonleine (für erwachsene Hunde) richtig angelegt: Wenn der Hund links vom Führer läuft, muss sich die Schlinge ohne Zug sofort lockern. Foto: Lehari

unangenehm und zwingt ihn zum vorsichtigeren Laufen.

Die Fütterung kann man nutzen, um den Welpen zu rufen. Ein Familienmitglied hält den Welpen fest und eine andere Person entfernt sich sichtbar für den Welpen mit der Futterschüssel, ruft ihn „Hier“ oder pfeift zwei Mal (piep – piep) (viele Welpen sind auf den Kommpfiff schon beim Züchter konditioniert). Der Welpe wird garantiert kommen und bekommt dann seine Futterschüssel.

Möchte man eventuell später mit seinem Golden auf eine Ausstellung gehen, so ist es ratsam, bereits im Welpenalter das „Steh" zu trainieren. Es ist gut, die Stehübungen zunächst auf einer rutschfesten Unterlage auf einem Tisch zu üben, da der Welpe einerseits noch recht klein ist und man ihn andererseits gleichzeitig an den Tisch für spätere Tierarztbesuche gewöhnen kann. Man stellt den Welpen auf den Tisch, hält ihm ein Leckerchen vor die Nase, das er nicht mit einem Mal verschlingen kann (vorzugsweise ein Stück Käse, an dem er lange schnuppern und lecken kann), und hält mit der anderen Hand die Rute des Kleinen waagerecht zur Rückenlinie. Immer wieder kommt das ruhige Kommando „Steh“ und man streichelt dem Welpen über den Nacken und den Rücken. Wedelt er mit seiner kleinen Rute, sind die Chancen recht gut, dass er später sogar die Ringatmosphäre genießt. Nun kann man beginnen, seine Läufe zu korrigieren. Diese Übung muss sehr ruhig gestaltet sein, da der Hund sich extrem konzentrieren und später über längere Zeit stehen muss.

Der Welpe lernt von der achten bis zur 16. Woche ungemein schnell, nachhaltig und viel. Abgesehen von den bisher erwähnten Erziehungsübungen muss er auch sämtliche Alltagssituationen kennen lernen.

Zeigt er im Haus vor irgendetwas Angst (Staubsauger, Waschmaschine und so weiter), sollte man ihn auf keinen Fall trösten, sondern ihn aufmuntern, sich das Schreckliche einmal genauer anzuschauen. Schalten Sie in diesem Fall das Gerät ab und locken ihn freundlich heran. Kommt er irgendwann

Das „Steh" wird schon beim Welpen auf einem Tisch geübt. Foto: Wagner

Der Kontakt und das Spiel mit anderen Hunden sind wichtig. Foto: Widmann

zaghaft und beschnüffelt die Gefahr, wird er kräftig gelobt. Dann setzten Sie Ihre Arbeit in einem anderen Raum fort, als sei nichts geschehen. So lernt der Welpe schnell, mit seiner natürlichen Angst umzugehen.

Spaziergang

Jetzt ist auch Zeit, die große weite Welt zu erkunden, und man beginnt mit seinem Welpen kleine Spaziergänge zu unternehmen. Lassen Sie Ihren Welpen so oft wie möglich frei herumtollen, seine Nase einsetzen, also Witterungen jeglicher Art aufspüren, und viel mit Artgenossen jeden Alters und jeder Größe Kontakt aufnehmen. Das freie Herumtollen ist für einen Welpen wichtig und völlig unschädlich, während das längere Laufen an der Leine seinen Gelenken und Bändern sehr schadet. Gehen Sie deshalb anfänglich nur kurze Zeit mit dem Welpen an der Leine.

Zunächst sollte man seine Exkursionen in ruhigeren Gegenden beginnen und den Welpen langsam an Jogger, Fahrräder und Begegnungen mit anderen Hunden gewöhnen. Eine Reizüberflutung wie durch einen Besuch auf dem Bahnhof wäre für den Welpen sicherlich noch zu viel.

Ein Welpe hat einen natürlichen Folgetrieb und deshalb ist die Angst, er könnte weglaufen, völlig unbegründet. Richten Sie sich nicht danach, wo Ihr Welpe hinlaufen möchte, sondern bestimmen immer Sie die Richtung, wo es langgeht. Auch dies unterstützt Ihre Funktion als Rudelführer. Laufen Sie hingegen immer Ihrem Welpen hinterher, ist er der Meinung, dass er das Leittier ist. Auch wenn Sie Ihren Welpen ein-

Viele Golden sind schon im Welpenalter wasserbegeistert. Foto: Wagner

mal rufen und er kommt nicht, laufen Sie ihm nicht hinterher, sondern ändern Sie beherzt die Richtung, damit er Ihnen folgen muss. Folgen Sie ihm hingegen, hält er es für ein tolles Fang-mich-doch-Spiel.

Verstecken Sie sich auch regelmäßig hinter Baumstämmen und Hecken oder legen Sie sich ins hohe Gras. Dem Welpen wird es ungemein Spaß machen, Sie zu suchen, außerdem fördert das Versteckspiel die Bindung und die Konzentration. Vermeiden Sie auf Spaziergängen das Werfen von irgendwelchen Gegenständen, wenn Ihr Golden Retriever später vernünftig apportieren soll. Wenn Sie ganz konsequent sind, werden Sie für den Golden ausschließlich Dummys werfen, die er dann auch immer zuverlässig bringen muss.

Das beliebte Stöckchenwerfen ist absolut tabu. Der Welpe kann davon getroffen werden oder der Stock im Boden stecken bleiben und der Welpe darauf fallen und sich üble Verletzungen zuziehen. Ferner lernt der Welpe auf einem Stock nur hart zuzubeißen, was er nicht soll. Ebenso sollte man zum Beispiel keine Äpfel werfen. Der Welpe jagt hinter dem Apfel her mit dem Resultat, dass er seine Beute dann auffrisst. Auch Schneeballwerfen ist besser zu vermeiden, da der aufprallende Schneeball zerbersten und somit der Welpe sein Apportel nicht mehr finden kann, was ihn sehr frustrieren würde. Außerdem kann Schneefressen Magenschleimhautentzündungen verursachen. Ebenso darf man keinerlei Steine werfen. Wenn diese verschluckt werden, kann das üble Folgen haben.

Kommt ein angeleinter Hund entgegen, sollte man seinen Welpen ebenfalls anleinen und zügig an dem entgegenkommenden Gespann vorbeigehen, ohne dass die Hunde Kontakt zueinander aufnehmen. Sorgen Sie dafür, dass Sie in dieser Situation wichtiger sind als der andere Hund und der andere Mensch. Bereits der Welpe muss lernen, dass er nicht mit jedem anderen Hund in jeder Situation spielen darf. Kommt Ihnen jedoch jemand mit einem frei laufenden Hund ganz gelassen entgegen, können Sie beruhigt Ihren Welpen frei laufen und mit dem anderen Hund nach Herzenslust toben lassen.

Sorgen Sie für eine gute Bindung zwischen Ihnen und Ihrem Welpen, damit er auch zuverlässig auf Rufen herbeikommt, denn nicht alle Menschen mögen Hunde. Auch Artgenossen sind nicht immer von Welpen begeistert. Ein Welpe genießt nicht grundsätzlich den so genannten Welpenschutz. Er funktioniert eigentlich nur im eigenen, nicht unbedingt in einem fremden Rudel. Ein entgegenkommender erwachsener Hund muss es nicht toll finden, wenn ihn Ihr übermütiger Welpe anspringt, und es kann passieren, dass er ihn anknurrt und ihn wegschnappt (nicht beißt). Laut quietschend flüchtet dann in der Regel der Welpe, was nichts anderes als eine Unterwerfungsgeste darstellt, worüber Sie sich nicht aufzuregen brauchen. Selbst wenn ein erwachsener Hund einen Welpen einmal auf den Rücken legt, ist dies kein Grund zur Sorge – auch hier wird sich der Welpe sofort unterwerfen. Normalerweise regeln die Hunde solche Situationen untereinander selbst.

Es gibt allerdings auch Situationen, in denen Sie mit Ihrem Welpen an der Leine laufen müssen, etwa weil eine Straße in der Nähe ist, und Ihnen ein frei laufender Hund entgegenkommt, von dessen Menschen weit und breit nichts zu sehen ist. Auch wenn der andere Hund Interesse an Ihrem Welpen bekundet, gehen Sie beherzt weiter und ignorieren Sie ihn. Bald wird er es aufgeben, mit Ihrem Hund in Kontakt zu kommen, und weiterlaufen.

Je freier Sie sich bewegen, umso sicherer fühlt sich Ihr Welpe – in jeder Situation. Erstarren Sie jedoch bereits beim Anblick eines entgegenkommenden Joggers aus Angst, Ihr Welpe könne ihn jagen, so wird sich Ihr Gefühl, dass etwas nicht stimmt, auf ihn übertragen. Rufen Sie Ihren Welpen zu sich, leinen Sie ihn an und gehen ganz gelassen an dem Jogger vorbei. Schnell wird er lernen, dass auch rennende Menschen ganz normal sind.

Ebenso sollten Sie Ihrem Welpen den Wind aus den Segeln nehmen, wenn er zum Beispiel vor einem Fahrrad, das sonst nicht auf dem Weg steht, Respekt zeigt. Machen Sie ihm Mut und zeigen Sie ihm das Schreckliche. Mit aufmunternden Worten wird er Ihrer Aufforderung, sich das „Ungeheuer“ anzuschauen, folgen und seine Angst überwinden.

Steigern Sie langsam die Dauer der Spaziergänge und wechseln Sie das Gelände. Nachdem der Welpe sich in ruhigeren Gegenden gut zurechtfindet, kann man nun mit kleinen Stadtspaziergängen (zunächst vielleicht sonntags), zu Besuchen auf kleinen Bahnhöfen, zur Besichtigung eines Flughafens und so weiter übergehen. Der Welpe sollte Menschenansammlungen ebenso kennen lernen wie glatte Böden, reflektierende Schaufenster, flatternde Kleidungsstücke auf Ständern oder Straßenmusikanten. Bewegen Sie sich sicher und souverän, wird auch Ihr Welpe mit Ihnen kaum Furcht zeigen – und wenn, sind Sie auch in diesen Situationen seine Unterstützung.

Ein gewisses Maß an Angst ist in der Natur normal und überlebensnotwendig, da sie Fluchtverhalten auslöst und somit eine schützende Wirkung vor realer Gefahr hat. In unserer Gesellschaft drohen jedoch für den Hund kaum reale Gefahren und deshalb ist es die Aufgabe des Menschen, seinen Welpen an Umwelteinflüsse, die Angst einflößen, zu gewöhnen.

Bei der Arbeit auf dem Übungsplatz darf das Loben nicht zu kurz kommen. Foto: Widmann

Welpenspieltage und Junghundetraining

Hat Ihr Welpe sich eingelebt, ist es ratsam, regelmäßig an Welpentreffen oder Welpenspieltagen teilzunehmen. Falls Ihr Züchter solche Treffen nicht selbst anbietet, schließen Sie sich einem ortsansässigen Verein an. Schauen Sie sich die Übungsgruppe zunächst einmal ohne Ihren Hund an, und wenn Sie sicher sind, dass der Trainer freundlich, kompetent und einfallsreich ist und zudem jeden einzelnen Hund individuell behandelt, dann spricht nichts mehr gegen die Teilnahme an den Welpenspieltagen. In diesen Welpengruppen steht nicht nur das Spiel, in dem Welpen untereinander ungemein viel lernen, im Vordergrund, sondern man bekommt bereits gute Tipps zu Unterordnungsübungen wie Sitz, Platz, Fuß, Herbeirufen und Apportieren.

Vergewissern Sie sich beim Übungsleiter, dass auch alle teilnehmenden Welpen haftpflichtversichert und geimpft sind. Ferner sollte das Übungsgelände für eine Welpengruppe eingezäunt sein und eher einem Abenteuerspielplatz als einem Fußballrasen ähneln. Viele optische und akustische Reize sind wichtig und auch das Spiel zwischen Mensch und Hund darf nicht zu kurz kommen. Der kleine Golden sollte die Möglichkeit haben, mit Herrchen oder Frauchen Hindernisse zu überwinden, durch Tunnel zu kriechen, mit bunten Bällen herumzutollen, im Sand zu buddeln und vieles mehr. Zwei je einstündige Trainingseinheiten wöchentlich sind sehr sinnvoll für Welpen.

Spätestens ab einem halben Jahr kann man mit dem gezielten Junghundetraining beginnen, auf das dann die so genannte Begleithundausbildung aufbaut. Im Junghundetraining und in Begleithundkursen lernt man gezielt all das, was man im Alltag benötigt und was bei einer Begleithundprüfung verlangt wird:

- Leinenführigkeit: Der Golden folgt seinem Menschen mit durchhängender Leine bei jedem Richtungswechsel (links, rechts, kehrt) und bei jeder Geschwindigkeit (langsamer, normaler und Laufschritt) und bleibt brav neben seinem Menschen sitzen, wenn dieser anhält.

- Freifolge: Hier gilt das Gleiche wie bei der Leinenführigkeit, nur dass man mit seinem Hund ohne Leine läuft.
- Sitz aus der Bewegung in Verbindung mit Heranrufen: Man läuft mit seinem unangeleinten Hund, der Hund setzt sich auf einmaliges Kommando, der Mensch geht weiter, dreht sich nach einiger Entfernung um und ruft seinen Hund zu sich.
- Ablegen in Sicht: Der Hund muss hierzu ins Platz und sein Mensch entfernt sich von ihm für etwa eine Minute, wobei der Hund liegen bleiben muss.
- Ablegen außer Sicht mit Ablenkung: Der Hund liegt im Platz und der Mensch wird von einem Verleitgespann, bestehend aus einem angeleinten Hund und zwei Personen, begrüßt, abgeholt und alle verschwinden in einem Versteck für eine Minute. Der Hund muss liegen bleiben. Sein Mensch kommt wieder und erst auf Kommando darf der Hund wieder aufstehen.
- Apportieren: Der Hund sitzt neben seinem Menschen und es fliegt ein Dummy. Erst wenn dies am Boden liegt, wird der Hund zum Apportieren geschickt. Er muss zielstrebig zum Dummy laufen, es aufnehmen und auf direktem Weg zu seinem Menschen zurückkehren und vorsitzen.
  Auf Kommando gibt er seinem Menschen dann das Dummy in die Hand.

Die Begleithundausbildung ist für den Golden Retriever mit seiner angeborenen Arbeitsfreude kein Problem. Foto: Widmann

Der erwachsene Golden Retriever

Nach einer bestandenen Begleithundprüfung fragt man sich oftmals, was man denn jetzt mit seinem erwachsenen, ausgebildeten Golden Retriever machen könnte. Monotone alltägliche Spaziergänge werden für Mensch und Hund bald langweilig, deshalb freut sich der ausgewachsene Golden jederzeit über Abwechslung: regelmäßige Treffen mit Artgenossen, Spaziergänge in einer größeren Meute und jegliche Art retrievergerechter Beschäftigung wie Schwimmen und Apportieren. Gestalten Sie die täglichen Spaziergänge abwechslungsreich, indem Sie sich verstecken, mit dem Golden über Baumstämme klettern, ihn Gegenstände suchen lassen oder immer wieder kleine Gehorsamsübungen einbauen.

Man kann den Golden auch gut beim Radfahren oder Reiten mitnehmen, wobei man ihm trotzdem die Gelegenheit geben muss, sich in Ruhe zu lösen und Witterungen aufzunehmen. Der Fantasie, ihn zu beschäftigen, sind keine Grenzen gesetzt. Selbst im Haus kann man mit ihm „Futter-Rallye" oder Verstecken spielen, ihn die Post oder die Zeitung ins Haus tragen lassen, um nur einiges zu nennen.

Dank seiner Vielseitigkeit und seiner Lernfreude ist der Golden Retriever auch für die unterschiedlichsten Einsatzgebiete, ob im Hundesport oder bei der Arbeit, geeignet, sodass sicherlich jeder Golden-Besitzer die passende Beschäftigung für sich und seinen Hund findet. Hauptsache dabei ist es, dass es beiden Spaß macht und durch die gemeinsamen Erlebnisse die Bindung zwischen Mensch und Hund verstärkt wird.

Der Golden als Rettungshund

Wenn man genug Zeit und genug Lust für die Rettungshundearbeit hat, kann man sich bei einer ortsansässigen Rettungshundestaffel über die Ausbildung informieren. Da der Gol-

Die Rettungshundeausbildung ist für Hund und Mensch eine Herausforderung. Foto: Widmann

den äußerst ruhig und gewissenhaft seine Nase einsetzt, bereitet ihm diese Art der Beschäftigung große Freude, da er suchen und finden muss. Voraussetzung für die Rettungshundearbeit ist, dass der Hund das Bellen auf Kommando lernt, was für manch einen Golden ein Problem darstellt. Übrigens ist ein Golden, der erfolgreich als Rettungshund ausgebildet wurde, für die Dummyarbeit (siehe unten) weniger geeignet, da er hierbei ruhig sein muss und nicht bellen darf.

Man sollte sich im Klaren darüber sein, dass der Rettungshundeeinsatz nicht nur ein reines Freizeitvergnügen ist. Denn in Ernstfällen muss man rund um die Uhr erreichbar und einsetzbar sein. Außerdem bringt die Rettungshundearbeit auch Gefahren mit sich. Der Hund muss im Ernstfall eventuell über Trümmer, Scherben, durch Qualm, Löschschaum und Ähnliches laufen. Nicht zuletzt muss auch der Hundeführer bestimmte Voraussetzungen erfüllen und selbst eine gründliche Ausbildung absolvieren.

Zur Rettungshundearbeit sollte man sich nur entschließen, wenn der Hund zuverlässig auf Entfernung gehorcht und auch absolut verträglich mit Artgenossen ist, da die Hunde in der Staffel häufig entfernt vom Führer in der Gruppe arbeiten müssen.

Dummyarbeit simuliert für den Hund die jagdliche Arbeit und ist eine ideale Beschäftigungsmöglichkeit für Retriever. Foto: Widmann

Auch Spielzeuge oder wie hier ein Frisbee werden vom Golden begeistert apportiert. Foto: Widmann

Der Golden als Arbeitshund im nicht-jagdlichen Einsatz

Da der Golden von Haus aus ein Jagdhund ist, ist die Dummyarbeit, also die Simulation der Jagd, für ihn eine der schönsten Beschäftigungen. Mit Dummys kann man ihn täglich ohne großen Aufwand sinnvoll beschäftigen, ihn somit auslasten und rassegemäß fordern. Es macht keine große Mühe, auf den täglichen Spaziergängen ein oder mehrere Dummys mitzunehmen, die man ihm dann entweder werfen oder verstecken kann, damit er sie suchen, finden und bringen muss. Besonders toll ist es für ihn, wenn man sogar einmal einen Helfer hat, der während des Werfens noch schießt. Die Kombination von Schuss und einem fliegenden Gegenstand ist das, was der Golden liebt, ob an Land oder im Wasser. Es simuliert für ihn ein echtes Jagderlebnis und ermöglicht ihm so zu arbeiten, wie er es beim jagdlichen Einsatz tun müsste.

Es empfiehlt sich, mit einem Golden in den besten Jahren an Dummykursen teilzunehmen, denn in der Gruppe macht es dem Hund besonders viel Freude zu arbeiten. Voraussetzung für die Teilnahme an solchen Kursen ist, dass Ihr Hund körperlich fit und schussfest ist. Auch sollte er nicht allzu bellfreudig sein, da das Lautgeben bei der Dummyarbeit nicht erwünscht ist.

In Dummykursen werden die verschiedensten Dinge trainiert: normale Markierungen an Land und aus dem Wasser, Verlorensuche, Einweisen und Apportieraufgaben in jagdähnlichen Situationen (zum Beispiel Walk-up). Vor allem lernt der Hund auch die erwünschte „Steadyness", das heißt die Standruhe, bis er zum Apportieren geschickt wird. Angespannt und aufmerksam wird er die anderen Gespanne bei der Arbeit beobachten und warten, bis sein Auftritt kommt.

Für die jagdliche Arbeit muss der Golden die so genannte Bringtreue besitzen. Foto: Wagner

Der Golden als Arbeitshund im jagdlichen Einsatz

Schön, aber nicht zwingend notwendig ist es, wenn Sie Ihren Golden jagdlich führen können. Voraussetzung für die Teilnahme an einer jagdlichen Prüfung ist, dass Sie entweder einen Jagdschein besitzen oder der Hund eine gültige Zuchtzulassung hat.

Gezüchtet wurde der Golden Retriever ursprünglich für die Jagd nach dem Schuss, er spürt also das erlegte Wild – ob im Wasser oder auf dem Land – auf und bringt es zu seinem Menschen. Auch wenn man nicht aktiv jagt, kann man mit toten Hasen, Enten oder Fasanen (die man gefroren kaufen kann oder vielleicht von einem befreundeten Jäger bekommt) eine Haar- oder Federwildschleppe ziehen. Der Golden liebt es, auf der Schleppe seine Nase einzusetzen und bei der Verlorensuche seine Ausdauer zu beweisen. Wichtig ist es, dass der Hund die so genannte Bringtreue besitzt, das Stück Wild also auch zu seinem Menschen bringt.

Dass der Golden für die Jagd schussfest sein muss, ist selbstredend. Wenn man mit seinem Golden jagdlich arbeiten möchte, sollte man ihn so früh wie möglich mit Wild konfrontieren. Übrigens ist es ein Ammenmärchen, dass der Hund mehr zum Wildern neigt, wenn er an Wild gewöhnt ist. Gerade ein Hund, der weiß, was er mit Wild zu tun hat – und zwar nach dem Schuss –, wird nicht sinnlos lebendem Wild hinterher jagen.

Der Golden als Fährtenhund

Eine weitere Einsatzmöglichkeit für den Golden ist die Fährtenarbeit. Hierbei kommt es darauf an, dass der Hund seine Nase ruhig und gezielt einsetzt und eine von seinem Menschen vorbereitete Fährte gründlich und genau ausarbeitet. Der Hund muss wesensfest, ausdauernd und gut führig sein und eine enge Bindung zu seinem Menschen haben – alles Voraussetzungen, die der Golden erfüllt. Auch für ältere Hunde und solche, die zu körperlichen Höchstleistungen nicht mehr fähig sind, ist die Fährtenarbeit eine sinnvolle Beschäftigung.

Bei der Fährtenarbeit muss der Hund der Trittspur eines Menschen mit der Nase folgen. Anfangs werden nur einfache gerade Fährten gelegt, später arbeitet der fortgeschrittene Hund verschiedene Winkel aus und darf sich auch durch Verleitungsfährten nicht von der richtigen Spur abbringen lassen. Am Ende der Fährte befindet sich ein bestimmter Gegenstand, den der Hund verweisen muss. Für die Fährtenarbeit werden die Hunde an einem Brustgeschirr und an einer langen Leine geführt. Fährtenarbeit kann man für sich alleine üben oder unter Anleitung in entsprechenden Hundesportvereinen erlernen und trainieren. Wie bei anderen Sportarten werden auch hier regelmäßig Wettkämpfe in verschiedenen Schwierigkeitsklassen ausgetragen.

Der sanfte Golden ist auch im Umgang mit Kindern zuverlässig. Foto: Widmann

Der Golden als Therapiehund

Gerade ein Golden, der nicht so gerne arbeitet und über ein eher mäßiges Temperament und die typische Menschenfreundlichkeit verfügt, eignet sich als Therapiehund. Sein sanftes Wesen, das helle, seidige Fell und der freundliche Gesichtsausdruck machen ihn zu einem Hund, zu dem selbst unsichere Menschen oder solche, die wenig Erfahrung im Umgang mit Hunden haben, schnell Vertrauen fassen.

Wenn man selbst dazu Lust hat und über genügend Zeit verfügt, kann man sich an Alten-, Pflege-, Behinderten- oder Kinderheime wenden und seine Dienste mit dem Hund anbieten. Es gibt auch spezielle Ausbildungsseminare für Therapiehunde, wobei auch die Besitzer entsprechend geschult werden. Bei den regelmäßigen Besuchen im Rahmen der so genannten tiergestützten Therapie kann man förmlich spüren, dass es beiden, sowohl dem Hund als auch dem besuchten Menschen, gut tut, diesen Kontakt miteinander zu haben. Der Golden genießt es, gestreichelt zu werden, und man sieht glückliche Augen in den Gesichtern der pflege- oder hilfebedürftigen Menschen.

Agility ist der ideale Sport für agile und temperamentvolle Golden. Foto: Widmann

Der Golden im Hundesport

Auch wenn der Golden nicht gerade der wendigste Hund ist, so macht es ihm doch riesig Spaß, mit Herrchen oder Frauchen einen Parcours zu laufen. Egal ob es sich um Turnierhundesport oder um Agility handelt, der Golden ist mit Begeisterung dabei. Gern rennt er Slalom durch Stangen, überwindet Hindernisse und springt durch Reifen, und riesig ist die Freude bei Mensch und Hund, wenn sie erfolgreich – wenn auch nicht als die Schnellsten – ans Ziel gelangen.

Wer es gerne etwas geruhsamer hat oder falls der Hund nicht für einen rasanten Parcours und hohe Sprünge geeignet ist, kann mit ihm auch Obedience oder Dog Dance betreiben. Hierbei kommt es vor allem auf Gehorsam, exakte Ausführung von Übungen und die Harmonie zwischen Mensch und Hund an und nicht auf Schnelligkeit.

Ein zweiter Golden Retriever

Wie bereits erwähnt, kommt es nicht allzu selten vor, dass nach der Anschaffung eines Golden Retrievers nach geraumer Zeit der Wunsch entsteht, noch einen zweiten ins Haus zu holen. In diesem Fall ist es wichtig, dass man mit der Anschaffung eines Zweithundes wartet, bis der erste erwachsen und voll ausgebildet ist. Besser ist es sogar, fünf bis sieben Jahre zu warten, da man sonst Gefahr läuft, irgendwann zwei alte Hunde zu besitzen, von denen man sich dann vielleicht viel zu schnell hintereinander trennen muss. Zu alt sollte der erste Golden jedoch nicht sein, damit der kleine Welpe ihn nicht zu sehr nervt.

Ob zwei Rüden oder zwei Hündinnen miteinander leben, ist beim Golden Retriever an sich egal. Will man sich jedoch Hunde unterschiedlichen Geschlechts anschaffen, sollte man sich zuvor Gedanken darüber machen, was man mit den Hunden tut, wenn die Hündin läufig ist. Hat man wirklich die Möglichkeit, sie während der Läufigkeit zuverlässig zu trennen, oder gibt es jemanden im Bekannten- oder Verwandtenkreis, der einen der Hunde während der kritischen Zeit zu sich nimmt?

Hunde, die zu mehreren gehalten werden, haben immer einen Spielkameraden. Foto: Widmann

Bedenken sollte man auch, dass der ausgewachsene Golden täglich viel Bewegung benötigt und der kleine Welpe noch nicht so weit laufen darf. Ihn allein zu lassen, wenn man mit dem Großen geht, gehört zwar ab und zu dazu, jedoch kann der kleine Welpe nicht von Anfang an täglich stundenlang alleine bleiben. Auch wenn es komisch klingt, bewährt hat sich bei vielen Golden-Besitzern, dass man den Kleinen einfach im Kinderwagen oder in einem Zugkarren mitnimmt. An einem kleinen Geschirr gut gesichert, kann er bereits alles miterleben, ohne dass er sich körperlich überanstrengt. Zwischendurch kann man ihn für kurze Zeit aus dem Wagen setzen, damit er etwas herumtollen und sein Geschäft erledigen kann.

Bedenken sollte man bei der Anschaffung eines zweiten Golden auch, dass man täglich jedem Hund gerecht werden und mit jedem etwas eigenes unternehmen muss. Der eine mag vielleicht leidenschaftlich gerne apportieren und der andere liebt eher die ruhigen Spaziergänge. Jeder Hund hat seine eigene Persönlichkeit, die zu respektieren ist.

Grundsätzlich kann man sagen, dass das Halten von mehreren Hunden anstelle eines einzelnen zwar viel anstrengender ist und dem Menschen mehr abfordert, aber es ist für die Tiere wesentliche artgerechter, wenn sie immer einen Artgenossen im Rudel haben, mit dem sie auf Hundeart umgehen und toben können.

Damit der erwachsene Golden beim Spaziergang auf seine Kosten kommt, kann man den Welpen in einem fahrbaren Untersatz mitnehmen. Foto: Wagner

Sind die Hunde gut erzogen, ist auch das Halten von zwei Golden kein Problem. Foto: Lehari

Der alte Golden Retriever

Die Veteranen werden zuerst am Fang grau.
Foto: Widmann

Auf Ausstellungen zählt der Golden bereits mit acht Jahren zu den Veteranen, jedoch macht ein gesunder Golden in diesem Alter noch keinen sehr alten Eindruck. Einen Golden zu besitzen, der älter als zehn Jahre ist, kann man allerdings als Geschenk betrachten und man sollte sich über jeden Tag mit ihm freuen. Man kennt sich gegenseitig in- und auswendig, benötigt kaum noch eine Leine und sollte die Eigenheiten, die ein älterer Golden entwickelt, schmunzelnd zur Kenntnis nehmen. Er kommt nicht mehr im Galopp, wenn man ihn ruft, er bringt das Dummy eher im Schneckentempo, man muss ihm ins Auto helfen und mit dem Gehör und mit den Augen klappt es vielleicht auch nicht mehr so gut. Aber all das macht den Charme und die Würde eines alten Hundes aus und er hat es verdient, dass man sich umso mehr um ihn kümmert, ihm seine wohlverdienten Schläfchen gönnt, ihn besonders seniorengerecht ernährt und regelmäßig beim Tierarzt vorstellt, um etwaige Veränderungen und Krankheiten frühzeitig festzustellen.

Stirbt Ihr Golden einmal friedlich eines natürlichen Todes, so können Sie sich trotz Kummer glücklich schätzen! Denn wenn irgendwann die Beschwerden oder Krankheiten so schwerwiegend sind, dass der Hund wenig oder keine Lebensqualität mehr hat oder keinerlei Aussicht auf Genesung besteht, so sind Sie es ihm schuldig, für ein würdevolles Ende zu sorgen. Einen so treuen und gutmütigen Gefährten leiden zu lassen wäre Egoismus am falschen Platz. Der Schmerz über den Verlust des geliebten Golden lässt irgendwann nach – und in unseren Herzen lebt er sowieso immer weiter!

Ernährung

Fütterung des Welpen

Anfangs mäkeln viele Welpen beim Fressen im neuen Heim, da der Futterneid der Geschwister fehlt. Man sollte sich dadurch nicht beeinflussen lassen und aus falsch verstandenem Mitleid dem Kleinen etwas anderes anbieten, sondern vielmehr nach kurzer Zeit den Napf wegnehmen und ihm die Mahlzeit bei der nächsten Fütterung erneut vorsetzen. Gibt man seinem Mäkeln nach, wird er schnell zum Gourmet und er hat erreicht, was er will – seinen Menschen erzogen.

Es herrscht die gängige Meinung, dass man seinem Welpen regelmäßig beim Fressen den Napf wegnehmen und dann wieder hinstellen soll. Diese Erkenntnis ist eigentlich völlig überaltert! Derjenige, der als Erster die Beute fressen darf, ist der Rudelführer! Nimmt man seinem Welpen den Napf weg und stellt ihn nach kurzer Zeit

Welpen werden am besten mit speziellem Welpen-Trockenfutter ernährt. Darin sind alle notwendigen Nährstoffe im richtigen Mengenverhältnis enthalten. Foto: Wagner

Stöckchen sind kein geeignetes Kauspielzeug für Welpen. Foto: Wagner

wieder hin, unterstützt man beim Welpen das Gefühl, dass er der Rudelführer ist, da er die Beute ja schließlich bekommt. Ferner können solche Handlungen zu unnötigen Machtkämpfen führen, die man besser vermeidet. Insbesondere Kinder haben überhaupt nichts am Fressnapf verloren!

Gerade über das Fressen kann man die Rangordnung im Haus gut klären. Es heißt, dass der Mensch vor dem Hund essen soll. Dies ist aber oft nicht machbar. Empfehlenswert ist es, sich hinter den Fressnapf des Hundes einen Keks oder Ähnliches zu legen. Bevor der Hund sein Futter bekommt, nimmt man den Keks, isst ihn genüsslich in Gegenwart des wartenden Welpen und erst dann bekommt er seinen Napf hingestellt. Der Welpe meint, dass er das bekommt, was übrig bleibt – er ist im Rang niedriger!

Generell bekommt ein Hund niemals kühlschrankkaltes Futter, kein Schweinefleisch, das die immer tödlich endende Aujeszky-Krankheit hervorrufen kann, und ebenso gehören keine Knochen auf den Speiseplan. Großen Markknochen ist ein

Milchgebiss einerseits noch gar nicht gewachsen und sie können andererseits „Zementkot" hervorrufen, der schmerzhaft beim Tierarzt entfernt werden müsste. Geflügelknochen können splittern und den Darm verletzten. Dass Süßigkeiten nicht auf den Speiseplan gehören, versteht sich von selbst.

Vielmehr sollte man seinem Welpen im Fachhandel erhältliche Kauartikel wie getrockneten Pansen, Ochsenziemer, Rindernasen und Ähnliches anbieten, damit er sein Nagebedürfnis bis zum Abschluss des Zahnwechsels befriedigen kann.

Geflügel und Fisch darf man nie roh verfüttern, sondern muss sie mindestens bei etwa 100 Grad Celsius kurz kochen, um Salmonellen oder Parasiten (Würmer) abzutöten.

Auch gut gemeinte eigene Kochkünste sollte man vermeiden und dafür dem Alter entsprechendes Fertigfutter geben. In der Futtermittelindustrie beschäftigen sich seit Jahrzehnten Experten mit der richtigen Zusammensetzung und bei Hausmannskost ist die Gefahr eines Zuviel oder Zuwenig viel zu groß.

Stets muss dem Hund frisches Trinkwasser zur Verfügung stehen. Gerade ein Welpe, der viel tobt, hechelt viel und benötigt dementsprechend viel Flüssigkeit. Gerne planschen Welpen in ihrem Wassernapf, mit dem Resultat, dass das Zimmer überschwemmt und der Napf leer ist. Im Fachhandel gibt es spezielle Kunststoffnäpfe mit einem kranzförmigen Deckel und einer kleinen Öffnung, sodass der Welpe zwar trinken, aber in seinem Napf nicht planschen kann. Diese Näpfe eignen sich übrigens auch sehr gut auf Autofahrten: Der Hund hat stets frisches Wasser zur Verfügung und dennoch schwappt in Kurven nichts heraus.

Eine andere Möglichkeit wäre es, den Napf erhöht aufzustellen. Auch hierzu gibt es im Fachhandel Wand- oder höhenverstellbare Halterungen.

Die Anschaffung eines höhenverstellbaren doppelten Ständers, in den man je einen Fress- und einen Trinknapf hängen kann, ist äußerst sinnvoll, da es für einen ausgewachsenen Golden Retriever nicht gut ist, sich ständig beim Fressen und Trinken zu bücken, da dies die Schulter- und Ellenbogengelenke unnötig belastet. Im Übrigen kann ein Hund bei einem erhöhten Napf nicht so extrem schlingen wie beim Fressen in Bodennähe.

Tipp

Fütterungsempfehlung

acht bis zwölf Wochen: *vier Mahlzeiten (im Wechsel je zwei Milch- und zwei Fleischmahlzeiten)*
drei bis sechs Monate: *drei Mahlzeiten (eine Milch- und zwei Fleischmahlzeiten)*
ab sieben Monate: *zwei Fleischmahlzeiten*
Fleischmahlzeiten können aus Trockenfertigfutter oder aus einer Mischung aus Flockenfutter mit frischem Fleisch bestehen (vom Hersteller empfohlene Fütterungsmengen beachten).
Milchmahlzeiten können bestehen aus einem Becher Magerjoghurt oder zirka 100 Gramm Quark oder Hüttenkäse plus Obst (zum Beispiel eine halbe Banane, geriebener Apfel). Das Ganze kann man noch mit zwei Esslöffeln Babynahrung aus dem Glas, einem Teelöffel Honig und einem Teelöffel Haferflocken verrühren.

Eine ausgewogene Ernährung ist Voraussetzung für einen vitalen und gesunden Golden. Foto: Lehari

Auch wenn ein Welpe noch keine Magendrehung bekommen kann, sollte man ihn vor einem Spaziergang nicht füttern, sodass er sich an das Ritual gewöhnt, dass es erst nach der Bewegung etwas zu Fressen gibt. Auch vor einer bevorstehenden Autofahrt wird der Welpe besser nicht gefüttert, damit er nicht spuckt.

Ein Retriever wird ein mittelgroßer Hund. Der Welpe und Junghund wird aus diesem Grund eher knapp gefüttert. Er sollte zwar nicht dürr sein, aber auf gar keinen Fall zu dick, da dies nur unnötig seine Gelenke und Knochen belastet. Als Faustregel gilt: Sieht man die Rippen, ist der Welpe zu dünn, fühlt man die Rippen, ist er genau richtig, sucht man hingegen die Rippen vergeblich, ist er eindeutig zu dick.

Ausgewogene Kost

Auch wenn es die verschiedensten Meinungen über die Ernährung des Hundes gibt, so gilt zumindest eines als sicher, nämlich dass ein Zusammenhang zwischen Ernährung und Krankheiten besteht. Nicht nur die Tatsache, dass ein zu üppig gefütterter Hund schneller erkrankt, ist erwiesen, sondern auch, dass die Zusammensetzung des Futters wichtig für die Gesundheit des Hundes ist. Auch wenn der Hund als Fleischfresser gilt, benötigt er dennoch Pflanzenkost.

In der Natur frisst der Canide zunächst die Innereien seiner erlegten Beute, worin sich auch pflanzliche Substanzen befinden, und dann erst den Rest. Aus diesem Grund ist bei der Ernährung des Golden Retrievers darauf zu achten, dass genügend Obst, Gemüse und auch Getreide auf dem Speiseplan stehen. Auch Sauermilchprodukte, Quark, Magerjoghurt und Hüttenkäse sind geeignete vegetarische Eiweißspender. Kuhmilch hingegen wird vom Hund wegen des Milchzuckers schlecht verdaut.

In den meisten Fällen ist es nicht ratsam, das Futter für seinen Golden selbst zuzubereiten, da häufig das fundierte Wissen hierzu fehlt. Nur wer sich wirklich gut auskennt und umfassend informiert hat, darf sich an die eigene Zubereitung und Zusammenstellung des Hundefutters wagen. Denn eine falsche Ernährung kann besonders beim Junghund zu schlimmen Wachstumsstörungen führen und sich äußerst schädigend auf die Skelettentwicklung auswirken. Das eigene Zubereiten erfordert nicht nur Wissen, sondern auch sehr viel Zeit und ist in der Regel sogar teurer, als das Verfüttern von im Fachhandel erhältlichem Fertigfutter, da man auch Zusatzstoffe wie Mineralien, Vitamine und Spurenelemente verabreichen muss. Insbesondere das richtige Verhältnis von Kalzium und Phosphor (1,5:1) ist sehr wichtig für eine gesunde Ernährung. Da der Phosphorgehalt in selbst zubereitetem Futter meist zu hoch ist, muss ausreichend Kalzium zugefügt werden. Die Zugabe von Kochsalz garantiert die notwendige Natriumversorgung.

Je nach Alter und Beanspruchung des Golden variiert der Eiweiß- und Kohlenhydratbedarf. Beträgt das ideale Verhältnis von Eiweiß zu Kohlenhydraten im Futter beim Welpen etwa 2:1, benötigt der erwachsene Retriever hingegen ein Verhältnis von 1:1 bis 1:2.

Wer sich mit der Zubereitung von Hundefutter intensiver beschäftigen möchte, sollte sich zuvor in der einschlägigen Fachliteratur informieren.

Besser und ratsamer ist es also wirklich, gemäß Alter und Beanspruchung des Hundes Trockenfertigfutter zu geben. Bei den Fertigfuttern unterscheidet man Vollnahrung (Fleisch plus Getreide und Gemüse) sowie Getreide-/Gemüseflocken, denen man Fleisch, Fisch oder Geflügel selber beimischt (entsprechende Mengenangaben auf der Packung beachten!). Übrigens erwähnen Sie beim Einkauf von Fleisch, Fisch oder Geflügel nicht, dass dies für Ihren Hund bestimmt ist; Sie können versichert sein, dass Sie für den gleichen Preis schlechtere Qualität bekommen.

Als Abwechslung oder auf Reisen kann auch einmal Dosenfutter recht nützlich sein. Allerdings hat dieses Futter einen enorm hohen Wasseranteil, es muss also entsprechend mehr gefüttert werden und die Kotmenge ist viel größer. Ein weiterer Nachteil dieses Futters ist das erhöhte Müllaufkommen.

Körperpflege

Das tägliche Kämmen oder Bürsten des Golden Retrievers ist nicht unbedingt notwendig, fördert aber die Durchblutung und die Bindung zwischen Mensch und Hund. Der Golden genießt spürbar diese Pflegeminuten. Gleichzeitig kann man so seinen Hund regelmäßig auf etwaige Parasiten untersuchen.

Auch wenn man auf dem hellen Fell des Golden meistens Zecken noch krabbelnd sehen und entfernen kann, kommt es immer wieder vor, dass sich eine Zecke festgesaugt hat. Diese wird dann mit einer Zeckenzange entfernt. Zecken können die gefürchtete Frühsommer-Meningoenzephalitis (FSME) sowie Borreliose hervorrufen, die nur durch eine Blutuntersuchung nachgewiesen werden können. Erste Anzeichen dieser Erkrankungen sind Lähmungs- und Ermüdungserscheinungen.

Es kann auch vorkommen, dass Ihr Golden einmal Flöhe mit nach Hause bringt, die er jederzeit draußen oder durch Kontakt mit Artgenossen bekommen kann. Flohbefall hat nichts mit mangelnder Hygiene zu tun. Hat der Hund Flöhe, kratzt er sich meist extrem. Flöhe erkennt man gut, wenn man das Fell gegen den Wuchs streicht. Insbesondere im Bereich des Rutenansatzes findet man kleine schwarze Pünktchen, den Flohkot. Bei Flohbefall nützt es nichts, wenn man nur den Hund entfloht. Man muss auch die gesamte Umgebung behandeln, täglich gründlich saugen und insbesondere alle Hundedecken und wenn möglich sämtliche Textilien im Haus so heiß wie möglich waschen.

Von Parasitenhalsbändern ist beim Golden Retriever eigentlich abzuraten, da er gerne und viel schwimmt. Einerseits verlieren diese Halsbänder schnell an Wirkung, andererseits verseuchen sie das Wasser. Beim Tierarzt gibt es inzwischen geeignete Pumpsprays oder so genannte Spot-On-Produkte, die parasitärem Befall für einige Wochen gut vorbeugen.

Empfehlenswert für die Fellpflege sind Drahtstriegel für den Körper und Metallkämme für die Rute und die Befiederung an den Läufen. Je nach Veranlagung und nach

Bodenbeschaffenheit, auf dem der Golden vorwiegend läuft, ist es von Zeit zu Zeit notwendig, die Krallen zu schneiden, wobei man behutsam vorgehen muss, um nicht die Blutgefäße zu verletzen. Da beim Golden ein gutes Pigment wünschenswert ist, haben einige Hunde schwarze Krallen. In diesem Fall sollte man wirklich jeweils nur die Spitzen kürzen, da man die Blutgefäße nicht sehen kann. Hat ein Golden hingegen helle Krallen, kann man sie gut erkennen, wenn man die Krallen etwas anfeuchtet und gegen das Licht hält.

Die tägliche Ohrkontrolle und gegebenenfalls Reinigung mit einem Papier- oder geölten Babytuch gehört ebenso zur Pflege. Hierbei wickelt man das Tuch um einen Finger und reinigt behutsam von innen nach außen. Von der Benützung von Wattestäbchen ist aufgrund der Verletzungsgefahr gänzlich abzuraten.

Auch wenn sich das Gebiss des Golden durch das Kauen von Kauartikeln von selbst etwas reinigt, ist es gut, ihm regelmäßig die Zähne mit einer weichen Zahnbürste und spezieller Hundezahnpasta zu putzen, wobei stets in kreisenden Bewegungen vom Zahnfleisch her Richtung Zahn geputzt wird. Man kann sich auch ein Stück Mullbinde um einen Finger wickeln und damit die Zähne reinigen. Zahnbelag kratzt man entweder mit den Fingernägeln ab oder bedient sich eines im Fachhandel erhältlichen Zahnkratzers. Auch hierbei muss man äußerst behutsam vorgehen, um das Zahnfleisch nicht zu verletzen. Hartnäckiger Zahnbelag kann sowohl Karies als auch Zahnfleischentzündungen hervorrufen, was zu frühzeitigem Zahnverlust führen kann. Ist der

Ein perfekt gepflegter Golden: Das Gebiss ist sauber, die Augen sind klar und das Fell ist fachmännisch getrimmt. Foto: Lehari

Zahnbelag zu stark, muss er vom Tierarzt per Ultraschall unter Vollnarkose entfernt werden.

Trimmen

Auch wenn man mit seinem Golden nicht auf eine Ausstellung möchte, sollte man ihn regelmäßig trimmen, um seine Schönheit noch zu unterstreichen. Der Besuch in einem Hundesalon ist nicht empfehlenswert, da dort vorwiegend Terrier oder Pudel getrimmt oder geschoren werden und kaum Erfahrungen mit dem Trimmen von Golden Retrievern bestehen. Besser ist es, den Züchter oder einen erfahrenen Golden-Besitzer um Mithilfe bei den ersten Trimmversuchen zu bitten.

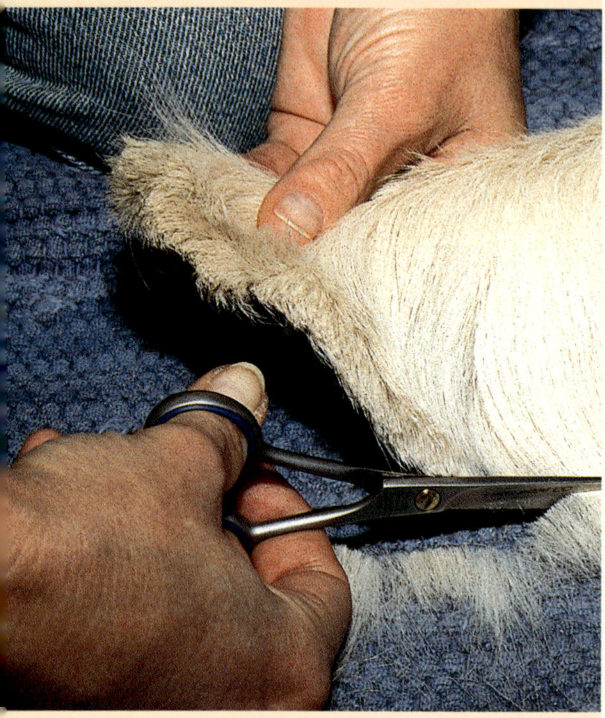

Die Haare an der Rute werden mit der Schere sauber geschnitten. Foto: Lehari

Folgende Gegenstände werden für das Trimmen benötigt:

- glatte Schere
- Effilierschere
- Kamm/Bürste

Folgende Partien werden getrimmt:

- Ohren: Die Behaarung an den Rändern der Ohren wird mit der glatten Schere sauber geschnitten.
- Hals und Brust: Die Haare an Hals und Brust werden mit der Effilierschere ausgedünnt.
- Vorder- und Hinterpfoten: Die Haare zwischen den Ballen werden mit der glatten Schere sauber ausgeschnitten. Bei den Vorderpfoten schneidet man bis zur Daumenkralle und bei den Hinterpfoten bis zum Sprunggelenk.
- Rute: Die Befiederung an der Rute wird mit der glatten Schere ihrem Verlauf nach etwa handbreit in einem schönen Bogen sauber geschnitten.

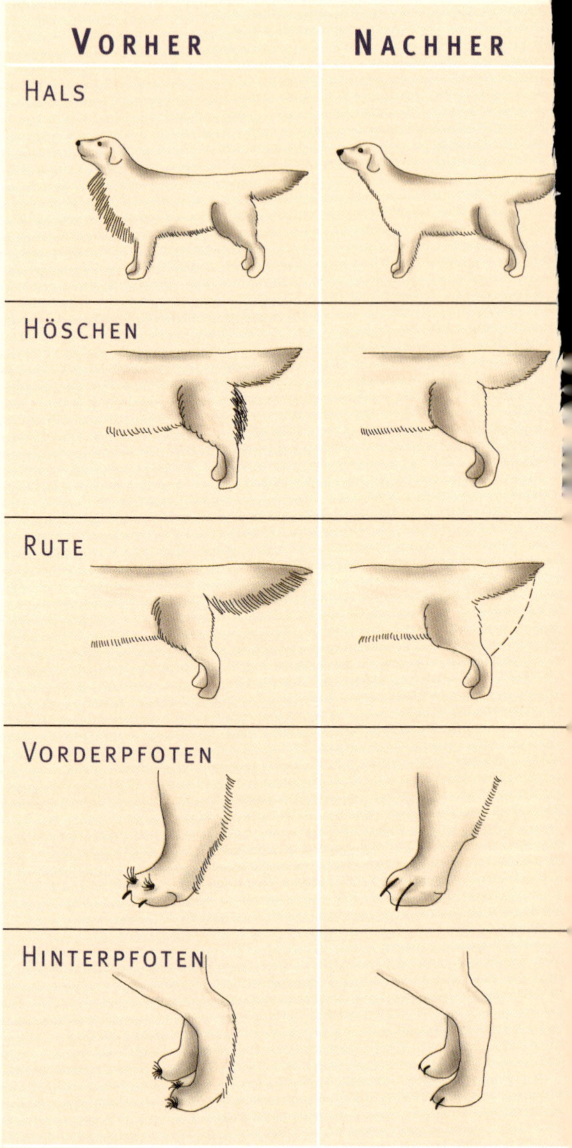

Gesundheitsvorsoge

Mindestens einmal im Jahr sollten Sie Ihren Golden beim Tierarzt vorführen, um eventuell auftretende Erkrankungen frühzeitig erkennen und behandeln zu können. Bei diesem Routinebesuch erhält der Hund auch seine alljährliche Auffrischimpfung. Gleichzeitig überprüft der Tierarzt den Allgemeinzustand des Hundes, hört Herz und Lungen ab, kontrolliert die Schleimhäute und tastet den Bauchraum ab.

Der gewissenhafte Golden-Besitzer beobachtet seinen Hund im Alltag und erkennt sofort erste Anzeichen einer Krankheit. Um dem Tierarzt bereits Vorabinformationen zu geben und die Untersuchung zu verkürzen, empfiehlt es sich, genau zu notieren, wann welche Symptome aufgetreten sind und was für Veränderungen Sie festgestellt haben.

Normale Körperfunktionen

Körpertemperatur *(rektal zu messen): 37,5 bis 38,5 Grad Celsius (Welpe bis 39,5 Grad Celsius)*

Puls *(an der Oberschenkelarterie zu fühlen): 70 bis 130 Schläge pro Minute (Welpe bis 220 Schläge pro Minute)*

Kreislauf *(kapillare Füllzeit der Gaumenschleimhaut kontrollieren): sollte sich binnen kürzester Zeit (maximal drei Sekunden) wieder füllen und rosa färben*

Atemfrequenz *(im Ruhezustand): zehn bis 30 Atemzüge pro Minute*

Das gehört in die Hundeapotheke eines Golden:

- *sein eigenes Fieberthermometer*
- *ein mildes Desinfektionsmittel*
- *Verbandszeug (Watte, elastische Mullbinden, elastische Binden)*
- *Klebepflasterband zum Fixieren von Verbänden*
- *Schutzschuh (bei Pfotenverletzungen)*
- *Wundsalbe oder Wundspray*
- *Kalziumampullen (bei eventuellen allergischen Reaktionen auf Insektenstiche als Erstmaßnahme)*
- *Augentropfen oder -salbe (bei Bindehautentzündung, zum Beispiel durch Zugluft oder Blütenstaub)*
- *falls bei bestimmten Erkrankungen benötigt, all seine eigenen Medikamente*

Impfen

Da über die empfohlenen Impfungen mittlerweile sehr getrennte Meinungen herrschen, sind nachfolgend der konventionelle Impfplan und ein aufgrund neuester Studien der Universität München empfohlenes alternatives Impfschema aufgeführt:

Alter	Konventioneller Impfplan	Alternativer Impfplan
6. bis 7. Lebenswoche		Immunisierung gegen Parvovirose
8. bis 9. Lebenswoche	Vierfachimpfung gegen Staupe (S), Hepatitis (H), Parvovirose (P), Leptospirose (L)	Vierfachimpfung gegen Staupe (S), Hepatitis (H), Parvovirose (P), Leptospirose (L)
12. bis 13. Lebenswoche	Fünffachimpfung SHPL plus Tollwut (T)	Fünffachimpfung SHPL plus Tollwut (T)
15. bis 16. Lebenswoche		Fünffachimpfung SHPL plus Tollwut (T)

Vor dem Impfen kontrolliert der Tierarzt den Allgemeinzustand des Hundes. Foto: Wagner

Unabhängig davon, nach welchem Impfschema im ersten Jahr geimpft wurde, sind anschließend jährliche Auffrischimpfungen völlig ausreichend.

Entwurmen

Schon beim Züchter wird ein Welpe bereits viermal im Abstand von zwei Wochen entwurmt. Vor der Wiederholungsimpfung mit zwölf Wochen wird der Welpe erneut entwurmt, anschließend ist im ersten Lebensjahr eine vierteljährliche Entwurmung normalerweise ausreichend. Danach genügt in der Regel eine einmalige Entwurmung einige Wochen vor der fälligen Impfung für Golden bei normaler Haltung.

Ein Golden jedoch, der jagdlich geführt wird oder dazu neigt, Kot, insbesondere Schafskot im Gelände aufzunehmen oder Mäuse zu fressen, sollte entweder öfter entwurmt werden oder man lässt regelmäßig Kotproben beim Tierarzt auf Wurmbefall untersuchen, um dann nach Bedarf zu entwurmen. Auch wenn Kinder im Haushalt leben, sollte man regelmäßig den Kot auf Wurmbefall untersuchen lassen.

Häufige Erkrankungen

Jeder freut sich natürlich über einen gesunden Hund. Aber trotz gewissenhafter Gesundheitsvorsorge kann es sein, dass Ihr Golden einmal erkrankt oder sogar an einer chronischen Erkrankung leidet, auch wenn die Rasse grundsätzlich äußerst widerstandsfähig ist. Einige der am häufigsten auftretenden Erkrankungen sind im Folgenden aufgeführt.

Durchfall

Gerade beim noch empfindlichen Welpen oder Junghund tritt öfter mal Durchfall auf. Wenn man sich sicher ist, dass der Hund keine erhöhte Temperatur aufweist oder eine giftige Substanz aufgenommen hat, kann man den Durchfall zunächst mit bewährten Hausmitteln selbst zu kurieren versuchen. Lassen Sie den Hund als Erstes einen Tag fasten, auch wenn dies manchen Golden-Besitzern grausam vorkommen mag. Am Folgetag verabreicht man dann Diätkost zunächst in Form von Reis oder Quark oder Hüttenkäse, später Reis mit Geflügelfleisch. Unterstützend kann man ihm leichten Schwarztee zum Trinken anbieten. Ist der Durchfall jedoch nach zwei Tagen nicht vorbei, sollte man einen Tierarzt aufsuchen. Mit seiner Hilfe bekommt man sogar durch Virusbefall verursachten Durchfall medikamentös schnell in den Griff.

Verstopfung

Leidet ein Hund an Verstopfung, äußert sich dies durch fehlenden oder stark verminderten, schmerzhaften Kotabsatz, wobei der Hund oft winselt, den Rücken krümmt und sogar das Futter verweigert oder es kurze Zeit später wieder erbricht. Wie bereits wei-

Gerade der wasserbegeisterte Golden braucht in unseren Breiten ein kräftiges Immunsystem. Foto: Widmann

ter vorn erwähnt, sollte man niemals Knochen verfüttern, die Verstopfung verursachen können. Auch Bewegungsmangel oder andere Erkrankungen können die Ursache sein. Lassen Sie vom Tierarzt die Ursache klären und den Hund behandeln.

Verstopfte Analdrüsen

Die Analdrüsen befinden sich rechts und links neben dem After des Hundes und entleeren sich in der Regel durch das Absetzen von Kot. Aus diesem Grund ist es wichtig, darauf zu achten, dass der Hund stets normalen, festen Kot absetzt. Fährt der Hund öfter Schlitten, rutscht also mit seinem Hinterteil über den Boden, oder leckt er sich häufig im Analbereich, kann das einerseits ein Zeichen für Wurmbefall sein, andererseits könnten die Analdrüsen verstopft sein. Beim Tierarzt kann man sich zeigen lassen, wie man sie ausdrückt. Die Analdrüse sollte stets im Freien mit einem Papiertaschentuch ausgedrückt und sofort abgetupft werden, da die herausgedrückte Flüssigkeit übel riecht.

Mandelentzündung

Gerade junge Hunde oder solche, die im Winter viel Schnee fressen, neigen zu Mandelentzündungen, die sich durch Würg- und Hustenreiz sowie schmerzhafte Schluckbeschwerden äußern. Auch hier ist spätestens nach zwei Tagen der Tierarzt aufzusuchen, der dann durch Stimulierung des Immunsystems sowie durch Verabreichung von Antibiotika schnell Abhilfe schaffen kann.

Borreliose

In unseren Breitengraden müssen wir leider mit Zecken leben, die Borreliose übertragen können, eine Erkrankung, die oft erst Wochen nach dem Zeckenbiss auftritt. Das erste Anzeichen von Borreliose ist ein roter Hof um die Einstichstelle. Zumeist bemerkt man beim Hund ein schlechtes Allgemeinbefinden und anschließend Fieber. Starke Schmerzen führen zu Lahmheiten einzelner oder mehrerer Gelenke und Muskeln. Borreliose kann nur durch eine Blutuntersuchung erkannt und durch entsprechende medikamentöse, schmerzstillende Behandlung sowie die Verabreichung von Antibiotika geheilt werden.

Erkrankungen der weiblichen Geschlechtsorgane

Eine Hündin kann zu Problemen mit den Geschlechtsorganen neigen, die tierärztlich behandelt werden müssen. Hierzu zählen:

- komplettes Ausbleiben der Läufigkeit
- Läufigkeit ohne äußerlich erkennbare Anzeichen (stille Hitze)
- verlängerte Läufigkeit (Dauerhitze)
- Scheinträchtigkeit, die meist vier bis sechs Wochen nach der Läufigkeit auftritt. Deutliche Anzeichen einer Scheinträchtigkeit sind Anschwellen der Milchdrüsen und Zitzen mit anschließendem Milcheinschuss sowie starke Verhaltensänderungen und Appetitstörungen.
- Gebärmutterentzündung (Pyometra): Bei der äußerst gefährlichen Gebärmutterentzündung zeigt die Hündin einen extremen Durst, setzt vermehrt Harn ab und leidet unter einem schlechten Allgemeinbefinden. Da bei der Gebärmutterentzündung der Muttermund geschlossen oder offen sein kann, muss nicht unbedingt ein eitriger Scheidenausfluss erkennbar sein. Eine frühzeitig erkannte Pyometra lässt sich meist recht gut behandeln, oftmals ist jedoch eine Kastration die letzte Rettung.

Hüftgelenksdysplasie (HD)

Auch wenn die Hüftgelenksdysplasie – sie tritt besonders bei größeren Rassen und so auch beim Golden auf – zum Teil genetisch bedingt sein kann ist, spielen ebenso äußere Faktoren wie Ernährung und Bewegung eine große Rolle. Bei einem zu üppig gefütterten und zu stark belasteten Welpen oder Junghund kann die HD im Alter verstärkt auftreten.

Hüftgelenksdysplasie ist eine Fehlbildung der Hüftgelenke, die insbesondere in den ersten zwölf bis 18 Lebensmonaten auftritt. Bei der angeborenen HD passen die Gelenkpfanne am Beckenknochen und der Kopf des Oberschenkels nicht korrekt zusammen. Oft ist die Pfanne zu flach, sodass der Kopf aus der Pfanne herausrutscht. Andererseits kann aber auch der Kopf des Oberschenkels fehlgebildet sein. Durch permanentes Reiben beider Knochen aneinander entsteht dann an der Gelenkoberfläche eine Arthrose. Die Folge sind knöcherne Verformungen des Gelenkes, die dem Hund starke Schmerzen bereiten und ihn in seiner Beweglichkeit stark einschränken können. Stark betroffene Golden versuchen die Hintergliedmaßen zu entlasten. Durch diese Schonhaltung kommt es zu Muskelschwund und die Gelenkarthrose wird schlimmer.

Auch wenn es paradox klingen mag: Eine beidseitig schlechte Hüfte ist besser, als wenn zum Beispiel die linke Hüfte HD-frei ist und die rechte Hüfte schwere HD hat. Durch das nicht runde Laufen des Hundes nutzen sich die Hüftgelenke ungleichmäßiger ab. Hat ein Hund jedoch beispielsweise auf beiden Seiten mittlere HD, kann sein Gangwerk fließend sein. Hält man ihn dann noch schlank und bewegt ihn angemessen, kann ein solcher Golden ohne jegliche Beschwerden alt werden.

Ellenbogendysplasie (ED)

Erst in den letzten Jahren hat man sich mit der Thematik Ellenbogendysplasie beschäftigt, woraufhin die Untersuchung der ED bei Zuchthunden zur Pflicht geworden ist, da bei der ED ebenfalls wie bei der HD eine genetische Disposition vorliegen kann. Wie bei der HD führt eine Veränderung des Ellenbogengelenks zu Arthrosen, die je nach Schweregrad dem Hund häufig größere Probleme als die HD bereiten können. Die Ellenbogendysplasie tritt vermehrt bei Golden-Rüden auf, und zwar während der Hauptwachstumsphase (vier bis acht Monate), da sie in der Regel schneller wachsen und ein höheres Körpergewicht als Hündinnen haben. ED kommt in den meisten Fällen beidseitig vor.

Zur Vorbeugung sollte man dem Golden-Welpen und Junghund nicht zu energiereiches Futter geben, um das Wachstum nicht noch zu beschleunigen. Ebenso wichtig ist es, den jungen Hund nicht zu früh körperlich zu belasten.

Die Ellenbogendysplasie kann zu Osteochondrosis dissecans (OCD) führen. Hierbei entstehen Absplitterungen von Gelenkknorpeln im Schultergelenk, was erhebliche Schmerzen verursacht. Oftmals schafft dann bereits beim jungen Golden nur eine aufwendige Operation Abhilfe.

Augenerkrankungen

Beim Golden Retriever treten gelegentlich äußere Augenerkrankungen auf, die nach abgeschlossenem Wachstum (nach einem Jahr) leicht operativ korrigiert werden können. Hierbei handelt es sich um:

Ektropium
Die unteren Augenlider sind nach außen gedreht und der unvollständige Lidschluss führt zu extremem Tränenfluss, Bindehautentzündungen sowie langfristig zu Hornhautproblemen.

Entropium (Roll-Lid)
Hierbei ist ebenso zumeist das untere Lid nach innen gerollt und die Hornhaut wird durch die nach innen gerichteten Wimpern

ständig gereizt. Tränenfluss, Lichtscheu sowie Bindehaut- oder Hornhautentzündungen sind die Folge.

Folgende genetisch bedingte Augenerkrankungen können beim Golden Retriever gelegentlich auftreten:

PRA (Progressive Retina Atrophie)

Bei der PRA handelt es sich um eine fortschreitende Netzhautablösung. Betroffene Hunde können im Alter erblinden, was sich anfangs durch Unsicherheit in fremder Umgebung, verschlechtertes Sehvermögen bei Dämmerung sowie Nachtblindheit äußert. Ist die PRA fortgeschritten, verschlechtert sich sogar das Sehvermögen bei Tageslicht durch Pupillenweitstellung. Eine PRA kann nur von einem spezialisierten Tierarzt diagnostiziert, aber nicht behandelt werden, sondern lässt sich lediglich durch Gabe von bestimmten Vitaminen hinauszögeren.

HC (Heredity Cataract, erblicher grauer Star)

Erblich bedingte HC führt beim Golden zu einer hellgrauen Eintrübung der Augenlinse und führt ebenso zu extremer Seheinschränkung wie die PRA bis eventuell zur völligen Erblindung des Hundes.

Epilepsie

Zur Epilepsie zählen verschiedenste Anfallsleiden. Sie kann genetisch bedingt sein oder auch durch Umwelteinflüsse (zum Beispiel traumatische Erlebnisse) ausgelöst werden. Epilepsie ist eine Gehirnfunktionsstörung, die vermehrt bei Hunden im Alter zwischen zwei und vier Jahren auftritt. Art, Dauer und Häufigkeit des Anfalls können sehr stark variieren. Daher ist es nicht ratsam, sofort irgendwelche Medikamente zu verabreichen, sondern es muss zunächst eine detaillierte Untersuchung des Hundes durchgeführt werden. Aufwendige Blut- und Liquoruntersuchungen sowie Hirnstrommessungen und Röntgenanalysen sind notwendig. Etwa bestehende Grunderkrankungen des betroffenen Hundes müssen zunächst auskuriert werden, da nicht selten auch eine FSME, die Frühsommer-Meningoenzephalitis, vorliegt.

Teilweise bekommt man Epilepsie durch entsprechende Medikamente einigermaßen in den Griff. In sehr schweren Fällen sollte der verantwortungsbewusste Golden-Besitzer jedoch mit dem Tierarzt zusammen abwägen, ob der Hund nicht besser eingeschläfert wird, da von Lebensqualität dann kaum noch die Rede sein kann.

Schilddrüsenerkrankungen

Immer häufiger leiden Golden Retriever an Funktionsstörungen der Schilddrüse, wobei oft schon junge Hunde erkranken. Auch hier ist eine genetischer Veranlagung nicht ausgeschlossen.

Bei einer Unterfunktion der Schilddrüse macht ein Golden häufig einen sehr langsamen Eindruck, neigt zu Übergewicht und sein Fell wirkt matt und fettig. Nur eine Blutuntersuchung kann zu einer sicheren Diagnose führen. Behandelt wird diese Störung durch die Gabe des Schilddrüsenhormons Tyroxin und bald ist der Golden wieder temperamentvoller und fröhlicher.

Ausstellen

Je früher man mit dem Ringtraining beginnt, desto besser. Foto: Lehari

In Europa, vorwiegend in Großbritannien, Deutschland und Frankreich, aber auch in anderen europäischen Ländern werden seit zirka 150 Jahren Hundeschauen durchgeführt, die wichtige Aufgaben für die Hundewelt erfüllen:

- Kontakte zwischen Interessenten und Züchtern werden hergestellt und Beziehungen zwischen Ausstellern vertieft.
- Die Öffentlichkeit wird über die Rassehundezucht informiert und auf dem Laufenden gehalten.
- Der jeweils typvollste Rassevertreter wird am Ausstellungstag ermittelt.
- Kontakte zwischen Interessenten und Züchtern werden hergestellt.
- An Informationsständen stellen sich die jeweiligen Zuchtvereine vor und geben Auskunft über alle Fragen rund um den Hund.

Am Ausstellungstag benötigt Ihr Hund eine gültige Tollwutschutzimpfung, die nicht älter als ein Jahr sein und nicht weniger als vier Wochen zurückliegen darf. Ebenso sollten Sie Folgendes auf eine Hallenausstellung mitnehmen:

- Meldebescheinigung
- dünne Vorführleine
- Klappstuhl
- Napf und Trinkwasser
- gute Leckerchen
- Sicherheitsnadel oder Showclip für die Startnummer
- Handtuch
- Decke für den Hund
- Kamm und Striegel (das Trimmen ist am Ausstellungstag verboten)
- Tüten für etwaige Hinterlassenschaften

Denken Sie auf einer Ausstellung im Freien zusätzlich an:

- eigene Verpflegung
- Sonnen- und Regenschutz
- Pflock, um den Hund eventuell anbinden zu können

Ringtraining

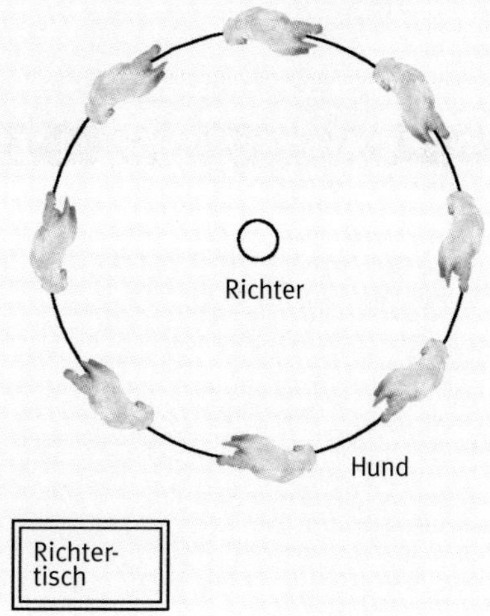

Bevor Sie Ihren Golden auf einer Ausstellung vorführen, sollten Sie mit ihm ein Ringtraining absolvieren. Dabei wird sowohl das korrekte lockere Laufen an einer dünnen Ausstellungsleine – wenn möglich auch auf glatten Böden – geübt als auch die korrekte Präsentation im Stand. Üben Sie das Laufen im Kreis und im Dreieck, vor und zurück.

Der Golden muss sich daran gewöhnen, ein paar Minuten lang korrekt zu stehen, wobei er konzentriert nach vorne schauen sollte und im optimalen Fall sogar noch mit der Rute wedelt. Bitten Sie auch Bekannte, Ihrem Hund einmal ins Gebiss zu schauen, seinen Körper abzutasten und beim Rüden die Hoden zu kontrollieren. All das hat sich der Golden im Ring friedlich und geduldig vom Richter gefallen zu lassen. Knurrt ein Hund bei der Kontrolle im Ring, muss er diesen in der Regel sofort verlassen und wird nicht beurteilt.

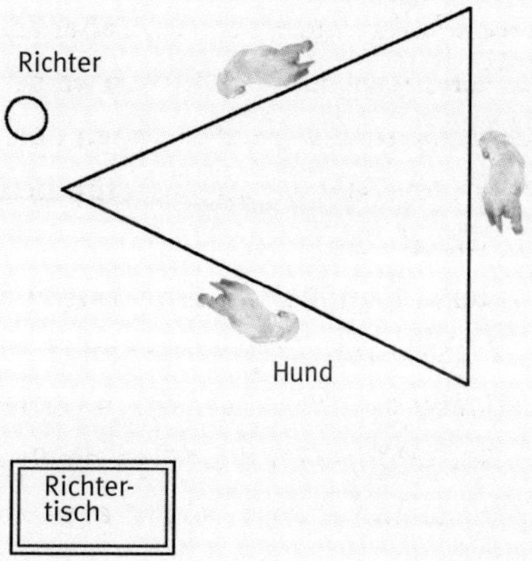

Die Vorführung im Ring

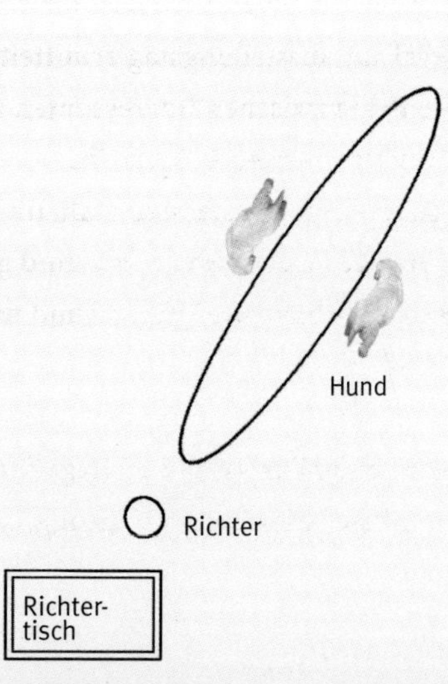

Auf der Ausstellung werden die Hunde ihrem Alter entsprechend nach Klassen eingeteilt und innerhalb der Klassen nach Startnummern aufgerufen. Kurz bevor man selber in den Ring muss, sollte man seinen Hund etwas warm machen, das heißt im Gang oder draußen das Laufen noch einmal ein bisschen üben. Im Ring laufen zunächst alle Hunde der entsprechenden Klasse entgegen dem Uhrzeigersinn im Kreis und bleiben dann stehen. Auch wenn sich die gesamte Klasse im Ring

Auch wenn man noch warten muss, bis man an der Reihe ist, sollte der Hund schon korrekt stehen. Foto: Lehari

Laufen im Ring. Foto: Lehari

befindet, achten Sie jetzt schon darauf, dass Ihr Hund korrekt steht, da sich der Richter bereits zu diesem Zeitpunkt ein erstes Bild von den einzelnen Hunden und von der Vorführung der Besitzer macht.

Anschließend wird jeder einzelne Hund vorgeführt. Zunächst geht man mit seinem Hund zum Richter und stellt ihn hin. Der Richter kontrolliert dann das gesamte Gebäude, das Gebiss und beim Rüden die Hoden. Danach läuft man vor dem Richter ein Dreieck, dann auf und ab, damit er das Gangwerk des Hundes von allen Seiten beurteilen kann. Anschließend stellt man seinen Hund vor dem Richtertisch auf, damit dieser die Bewertung schreiben kann. Nachdem alle Hunde beurteilt wurden, lässt der Richter die Gruppe erneut ein paar Runden durch den Ring laufen. Dann werden die vier besten Hunde platziert.

Sind Sie mit Ihrem Hund unter den vier Glücklichen, machen Sie kein Hehl aus Ihrer Freude, gratulieren Sie Ihren Mitstreitern und lassen Sie beim abschließenden Laufen durch den Ring Ihren Golden sein Schleifchen tragen! Und wenn Sie nicht so gut abgeschnitten haben, freuen Sie sich trotzdem über Ihren Hund und bleiben Sie sportlich fair.

Nützliche Adressen

Verband für das Deutsche Hundewesen e.V. (VDH)
Westfalendamm 174
D-44141 Dortmund
Telefon: 0231 565000
Internet: www.vdh.de

Deutscher Retriever Club e.V. (DRC)
Geschäftsstelle und Welpenvermittlung
Dörnhagener Str. 13
D-34302 Guxhagen
Telefon: 05665 2774
Internet: www.deutscher-retriever-club.de

Golden Retriever Club e.V. (GRC)
Geschäftsstelle und Welpenvermittlung
Dietrichsweg 68
D-26127 Oldenburg
Telefon: 0441 67486
Internet: www.golden-retriever-club.de

Österreichischer Kynologenverband (ÖKV)
Johann-Teufel-Gasse 8
A-1238 Wien
Telefon: +43 01 8887092
Internet: www.oekv.at

Schweizerische Kynologische Gesellschaft (SKG)
Länggassstraße 8
CH-3001 Bern
Telefon: +41 031 3066262
Internet: www.hundeweb.org